當代港澳研究

STUDIES ON
HONG KONG AND MACAO

陈广汉　黎熙元／主编

主办
港澳与内地合作发展协同创新中心
中山大学港澳珠江三角洲研究中心

资助
教育部人文社会科学重点研究基地
广东省『理论粤军』项目

2016年第2辑

（总第51辑）

社会科学文献出版社
SOCIAL SCIENCES ACADEMIC PRESS (CHINA)

目 录
CONTENTS

专题：港澳政治专论

港澳经济

港澳社会

优秀硕士论文

专题：港澳政治专论

编者按语

随着最近香港社会形势变化及其研究的深入，我们关于香港问题的研究集中到情绪政治与“一国两制”实践关系两个方面，由此形成了以下两篇文章。这两篇文章研究的问题各不相同，但围绕的主题只有一个，即从多重视角审视香港“一国两制”的实践。

《中国道路与“一国两制”实践关系研究》一文从道路与制度的政治学概念切入进行分析，得出“两制两路”是制造隔阂与障碍的症结，而“两制一路”才是“一国两制”实践顺利进行的保障。《“情绪政治”视域下的香港青年认同观》一文则从当代“情绪政治”的新视域，对香港青年认同观的现状与特点进行把握和分析，认为政治情绪与民众认同的影响具有重要关联，并以“情绪管理”为新的路径，提出提高香港青年认同的理路与对策。

香港“一国两制”实践是中国社会发展道路的新尝试，我们的研究努力地回答以上问题，希望成果能为香港“一国两制”的实践发展起到推动作用。

（**主持人**：徐海波，深圳大学社会科学学院教授，中山大学港澳与内地合作发展协同创新中心、深圳大学港澳基本法研究中心兼职研究员）

中国道路与“一国两制”实践关系研究*

郭小说　徐海波**

摘　要： 中国道路与“一国两制”作为马克思主义中国化理论成果的重要组成部分，是对马克思社会形态理论的创新和发展，是马克思哲学实践生成特征的具体体现，更是中国现代化发展道路的与时俱进特征与民族复兴理想的辩证统一。然而，现实的发展需要进一步从理论上梳理和阐明两者之间究竟有着怎样的关系：是“两制两路”，还是“两制一路”？通过从道路与制度的政治学概念切入进行分析，从实践生成的视阈来解读二者之间的关系，可以得出“两制两路”是制造隔阂与障碍的症结，而“两制一路”才是实践顺利进行的保障。

关键词： 中国道路　“一国两制”　实践生成

* 本文系 2014 年国家社会科学基金重大项目“香港社会思潮分析与有效引导的对策研究”（14ZDA058）；广东省委统战部 2016 年港澳和海外统战工作理论研究课题“香港‘本土主义’、‘港独’思潮的根源、发展趋势与对策研究”；2016 年深圳大学马克思主义理论与思想政治教育专项资助项目“香港大众文化对内地大学生思想政治教育的影响研究”（16MSZX06）的阶段性成果。

** 郭小说，深圳大学社会科学学院讲师，中山大学港澳与内地合作发展协同创新中心兼职研究员；徐海波，深圳大学社会科学学院教授，中山大学港澳与内地合作发展协同创新中心、深圳大学港澳基本法研究中心兼职研究员。

道路和制度作为政治学的两个常见名词有着各自的内涵，即道路的实质是发展轨迹和前进方向，制度的实质是建构规则和运行模式。但概念上的清晰并不表示在具体的实践运用中也很明了。中国道路与“一国两制”同作为马克思社会形态理论的创新，在现实发展中正面临着这样的窘境。香港回归后出现的政治争拗和管制问题，尤其“占中”运动，正是对此的反映，而理论界却鲜有专门的论述。因此，从理论上阐明中国道路与“一国两制”实践之间的关系，不仅可以从思想观念上改变香港市民对“一国两制”中社会主义制度的疑虑、恐惧和排斥，而且可以建构政治国家认同，从而更好地确保中国道路和“一国两制”实践的顺利进行。

一　导论：道路与制度关系的澄清

道路是指达到某种目标的途径，或事物变化发展的轨迹和方向。道路是一个国家和民族的特定发展历程和前进方向，它关乎国家的前途、民族的命运和人民的幸福。因此，道路问题至关重要。道路正，则事业兴；道路错，则事业亡。马克思唯物史观中的社会形态理论认为，每个国家发展道路的选择是特定历史条件的产物。特定的历史条件既包含了规律的客观性，又包含了历史主体的主观能动性，还包含了主客体相互作用共同打造的未来发展趋势。社会发展道路不是“既成事物的集合体，而是过程的集合体”（马克思，1995）。实践和创造是贯穿道路发展始终的内容和特质。所以，道路的选择既不是固定不变的客观规律的先验决定，也不是随心所欲的主观能动的任意挑选和设计，而是多种因素共同塑造以及主客体双向作用的实践生成。

制度是一个社会顺利运行的规则、规范和模式。社会制度是生活于特定历史发展阶段的公众对该社会各种关系的主观认识和界定，是整体公众意志和人的主观能动性的体现。而一个社会在一定的发展时期选择什么样的社会制度，则是以具体的生产条件为依据和基础，由社会存在的发展需要而决定。人既作为“剧中人”受历史剧本的规范和约束，同时又作为“剧作者”参与历史剧本的设计和创作。社会制度是一定时空条件下，人的活动规律、生活样态和生存价值的具体展现。它随着历史条件的变化，而不断改革、发展和变迁。因此，不同时代、不同国度有着各自不同的社会制度。社会制度建立在生产力发展水平和制度建构者的接受及选择的相互协调基础之上，因此，社会制度的选择和变化也是主客体交互作用生成的结果。

历史是“一个十分复杂并充满矛盾”（列宁，1984）的过程。每一种具体的发展道路和社会制度都是存在于其中的主客体在历史实践中的创造性探索，没有一成不变的永恒模式。同为社会历史发展主客体双向作用生成的结果，道路和制度之间必定有着千丝万缕的联系。在实践发展中，需要我们用动态、发展的眼光来看待它们之间的关系，并将之置于世俗的、活生生的现实关系中去考察。人类社会发展的历史表明，发展道路和社会制度在实践推进中相互关联、密不可分。道路作为前进方向，调整和规制着制度的变化和发展。有什么样的发展方向，就需要走什么样的道路。每一个国家和民族社会制度的选择和变化总是朝着一定的方向和目的而进行。社会的发展方向和目的在实践中自觉或不自觉地会成为社会制度改革、变化和发展的“墨斗”，制度的发展和变迁会参照它的“墨迹”进行。这种规制作用就是人们自己的活动所形成的因果联系，构成了客观支配力量，成为推动历史实践生成的合力之一。

马克思（1958）说：“社会——不管其形式如何——究竟是什么呢？是人们相互作用的产物。人们能否自由选择某种社会形式呢？绝不能。在人们和生产力发展的一定状况下，就会有一定的交换……在生产交换和消费发展的一定联合上，就会有一定的社会制度。”

制度作为运行规则和模式，又影响着道路的选择与行走。制度是一个社会民众的各种社会关系的规范、世界观和价值观的综合。生产方式上的公有还是私有、政治制度上的民主还是专制、文化价值观上的多元还是一元、发展观上的人本还是物本等，均是制度特质的具象体现。因此，制度的选择和转换必定会带来社会发展方式、目标和方向的变换。制度中体现的世界观和价值观决定了社会民众对未来发展的规划和预期，而这最终会体现在道路的选择和发展上。但在道路和制度的辩证关系中，二者的地位则是不同的。其中，道路是鲜活的实践和具体内容，制度则只是由它支撑所形成的体系或形式，这是正确看待和处理现实发展中道路和制度的关系问题的理论起点。随着人类现代化实践进程的推进，尤其在全球化为人类社会发展的历史潮流和客观趋势的当下，全球意识已成为政治、经济、文化以及社会发展的内蕴理念，联系性、整体性、系统性也成为现代化发展的固有特点。全球化浪潮所带来的实践动力打破了发展的国家、民族、区域、文化乃至意识形态的界限，使得所有的生产、生活和思维方式都开放化、整体化和有机化了。因此，道路和制度的关系问题也必须要放在全球化的宏观背景下来审视和认识。以全球化为特征的现代化是当今各个国家发展道路的共性条件和现实内容，然而，各国选择完成这一实践过程的模式和方法则是多样性的，这一多样性特征就体现为不同制度所塑造的具体发展模式。资本主义制度虽与现代化有着原初共生性意义的关系，但资本逻辑所带来的世界市场和交往国际化的客观结果，则使得其他社会制度也成为与它“同时代”的东西。所以，现代化的实现可以通过不同的社会制度完成。在共性的现代化道路的实践上，具体的社会制度呈现出多样的发展样态。道路的统一性和制度的多样性并存，是二者关系的辩证性所在。

二 症结：两种制度就是两条道路的误解

“一国两制”，即一个国家内两种不同的政治制度可以并存，是以实现祖国统一为目的而提出的新的战略构想和国家运行模式，是对马克思社会形态理论的突破与发展。但当构想逐渐变成现实时，主观设计与客观事实、理论和实践的张力也逐渐凸显。在中国恢复对香港行使主权后，“祖国统一”这个两地民众曾同心协力要实现的共同目标，就随着历史使命的完成而退出了舞台。香港民众对“一国”的认同也因此褪去了它的历史文化的共性色彩，而逐渐在政治层面上显现出分歧和矛盾，甚至出现了用“两制”来反对“一国”、用“一制”反对另外“一制”的倾向。尤其是随着社会环境和历史条件的变迁，香港民众开始构建自己新的身份认同，而在这一过程中因受英国殖民化意识形态的影响，他们更倾向于强调两制之间的差异，并且开始用概念化的“民主”“自由”“人权”“法治”来攻击内地的社会主义制度，虚构一种先入为主的“本地区政治文明发展程度高于内地”的优越感，并假想内地“落后”的社会主义制度会侵蚀掉他们“先进”的价值理念、损害他们的经济利益、降低他们的生活水准等，把本来属于香港社会生活本身发展中出现的民生问题、民主诉求和福利诉求变异为抽象的“制度之争”“主义之争”，以此敌视和抵触社会主义制度及其所内含的生活方式和价值观念，人心的回归和对政治国家的认同由此出现挫折和危机，并表现为不断地爆发社会运动和民间冲突。更为严峻的是，随着对“两制”差异的不断强调，以及对资本主义制度及其内含的生活方式和价值理念的盲目自信，一些香港民众、学者和官员对香港发展的未来预期越来越偏离中国社会发展的主体理想，并坚定地认为“两制”既然在起点和现实的发展中迥异，那必然也会走向不同的未来，香港回归后只是在主权和外交上受中央的管控，其他领域都完全可以遵照自己的意愿运行和发展，这种隔阂和分歧会永远延续下去，没有合二为一的希望，即“两制”必然走向两条不同的发展道路。而内地的部分民众、学者和官员也习惯性认为“一国两制”理论仅仅就是为了解决祖国统一问题，因而随着问题的解决它的意义也就消失了。“两制”只要相安无事，就可以互不干涉，各自发展，以至于在现实的政治运作中香港的发展很少会被以积极自觉的态度真正纳入国家的整体规划中，香港的未来也多被以放任自流的态度来看待和处理。这种态度和观念使得香港人始终有一种“异类”感、“他者”感，更加重了在“一国”方面的人心隔阂。

这种在制度与道路关系问题上的传统性认知，不仅否定了当下“两制”之间的统一性，而且也预设了在“未来中国”这个命运共同体中双方是不可调和的矛盾体，从而犯了形而上学的错误。一方面，在绝对对立中思考，用矛盾双方的斗争性否定统一性，即把资本主义制度和社会主义制度放在完全对立的立场上，认为一方的发展对另一方来说只是削弱和战胜，二者是势不两立、绝对分明、此消彼长的关系。因此，主观愿望上想利用自身的优点去攻击对方的缺陷和不足，最后达到使另一方屈服或消融在自己的运行模式和价值观念的“理想状态”之中，或者至少保证自身的特性不被对方同化掉。现实中就表现为，用西方所宣扬的“自由”“民主”的抽象理念来指责中央对香港行政长官任命权的专制性以及借此攻击内地的政治制度。由此，鼓动和制造了许多纷争和社会运动，给香港的稳定、香港民众的人心回归、两制关系的和谐制造了越来越多的障碍。另一方面，用僵化的理论剪裁了鲜活的实践，犯了形而上学独断论的错误。对“两制两路”的认知和坚信，实质上是把两种制度看成是一个静止的、孤立的、片面的、永恒的抽象理论，每个制度下所有的事物都是它的先验预置和设计，不可能跳出制度性质规定的范围；所有这个制度下的事物都遵循既定运行的规律，社会现状是怎样，将来也还是如此，亘古不变，至多承认有量的积累，但不承认会有质的变化；香港资本主义式的生产方式、民众的生活方式和社会制度的运行都会严格依照所属制度性质设定的目标前进，未来前景也必然要走一条不同于内地社会主义式的发展道路；且坚信香港社会只要保持自身的性质，就一定会比社会主义制度下的内地有一个更美好的明天。带着这种制度自信和主观判断，把理论的设想异化为了某种超人的客观神秘力量，并强行地推进到掌控实践发展的进程中，甚至用它来干涉和剪裁鲜活的社会实践，反而忽视了香港社会发展中那些理论不可测和主观不可控的客观性因素，而这些恰恰对社会未来发展样态的塑造起着更为决定性的作用。香港民众在新的国家认同、政治认同和身份认同的建构中所出现的症状及其产生缘由，正像后殖民主义者萨伊德在《文化与帝国主义》中总结的那样，“想象的地理和历史”有助于“精神通过把附近和遥远地区之间的差异加以戏剧化而强化对自身的感觉”，“它也成为殖民地人民用来确认自己的身份和自己的存在方式”的手段（2007）。而且它还造就了一个强有力的意识形态体系，虽然一段历史已经结束，但影响还会延续很久。在现实中就表现为，用意识形态来干预现实发展的走向，带着先在的思维模式和主观判断来看待和处理“一国”与“两制”、“两制”之间的关系问题，以致香港民众失去了平和、客观、公正和科学地看待内地发展的基本态度，反而在“有色眼镜”的干扰下更多地增强了对西方资本主义价值观的盲信，从而失去了借助内地社会发展的“东风”来进一步推进自身发展的良机，同时也抑制了通过吸收社会主义制度优越性和价值观先进性来克服自身缺陷的发展生机。这种用意识形态一味地否定现实需要的做法，我国早在冷战和“文革”期间就有着深刻的教训，并被历史实践证明是错误的。因为，“历史是这样创造的：最终的结果总是从许多单个的意志的相互冲突中产生出来的，而其中每一个意志，又是由于许多特殊的生活条件，才能成为它所成为的那样。这样就有无数相互交错的力量，有无数个力的平行四边，由此就产生一个合力，即历史结果，而从这个结果又可以看出一个作为整体的、不自觉地和不由自主地起着作用的力量的产物”（马克思，1995）。所以，任何把社会发展纳入既定设计模式的做法都是要付出历史代价的。

三　疗救：两种制度同归一条道的创新

理论上的清醒才能支撑政治上的坚定。对中国道路与“一国两制”的关系的认知，直接关乎中央和香港正确处理现实冲突和未来发展问题。中国道路和“一国两制”实践本来就是马克思社会形态理论实践生成性特征最鲜明的体现，且“一国两制”又体现了具体中的具体、特色中的特色。马克思的唯物史观较之于传统的历史观来说最大的突破和创新之处就在于，它克服掉了传统形而上学的先验性和旧唯物主义的机械性，以不断生成性的创造从刻板灰色的形式追求中拯救生活实践的灵动长青内核。从历史的发展过程和趋势看，“社会不是坚实的结晶体，而是一个能够变化并且经常处于变化过程中的有机体”（马克思，1995）。社会制度只是社会有机体的表现形式，是社会生活过程的组织形式，只有通过一定的形式，人们才能生活，生活是鲜活的，形式是多变的，随着生活水平的增长，人们必然要抛弃旧的形式，创造新的形式。中国现代化发展和中华民族的伟大复兴是当前最鲜活的实践内容，也是中国道路的具体内容和发展前景，更是全体中华儿女的根本利益和宏伟大业。在这个共同目标下，“未来中国”这个命运体是包含“一国”主权下所有地区、公民乃至华夏儿女在内的共同有机体，它的塑造过程中充满着流动性、实践性、整体性和辩证性。这是一个充满联系性和创造性的生成和发展图景，而不是一个遵循“永恒轨道”的僵化的机械图景。所以，任何固化的知识体系都是对生动鲜活的运动内容的扼杀和摧残，任何固化性的理解都是对它的封闭和窒息。“两制”只是这个共同理想实现过程中的不同具体操作规则和模式，不能把它作为模式化的“剪刀”来裁剪现实。制度和道路的生成和发展绝非抽象的概念和理论，而是鲜活而具体的生活实践。因此，在对中国道路和“一国两制”实践关系的认识和理解上，中央和香港都应该摒弃单一的意识形态化和制度化思维模式，从民族利益出发创造新的国家认同，坚持用发展的办法和眼界解决前进中的问题，多些面向未来共同理想的灵活性、包容性和协商性。

无论是资本主义还是社会主义均是人类社会现代化进程中的政治制度和价值观念，在反对传统神权、君权统治和促进人的解放与发展方面有着相同之处。再者，中国现代化是在全球化的历史机遇中进入世界现代化主潮流的。在以全球化为特征的现代化进程中，两个制度都不可能是封闭自存、孤立僵化、游离于浪潮之外的，因此，“两制”在中国实现现代化的过程中应该是相互借鉴、广泛合作、共同发展的和谐关系。中国社会的发展是在全球化的历史条件和趋势中展开的实践过程，因国情的特殊性，要在短短几十年的时间加快突破传统、走向现代的步伐，必须借鉴先走进现代化的其他国家和地区的发展经验，才能集聚后发优势，“能够不通过资本主义生产的一切可怕的波折而吸收它的一切肯定的成就”（马克思，1963），实现现代化道路的创新和超越。中国目前正处于史无前例的全方位改革之中，随着经济改革的深入，政治、文化和社会变革也变得越来越急迫，世界一切文明的现代化经验无疑都是我们完成这一历史宏任重要的参照因素。香港因其历史条件的特殊性，在经济发展、政治管理和社会治理方面历来是中国内地现代化改革的榜样及与世界接轨的重要窗口，并且在未来中国的改革开放中还要继续发挥积极性的枢纽和先锋作用。这也是在谈及“一国两制”对中国现代化的重要性时，邓小平所强调的，“道理很简单，我们需要。我们保持这样的政策，采取这样的立场，有利于中国本身的社会主义建设和实现四个现代化”（齐鹏飞，2004）。“香港的稳定繁荣同中国的发展战略有密切的关联。”（1993）为此，我们要突破以往对“一国两制”的形而上学式的理解，即静态地、片面地把它仅仅当作一个解决统一问题的权宜之计或者一种人为的制度安排，而忽视了“一国两制”也是中国现代化道路的重要组成部分和全新的发展模式。

马克思的社会历史发展观从来都是包含现实发展的真实情况和各民族之间相互作用等因素在内的科学理念。中国的现代化建设道路、“一国两制”实践以及改革开放的历史抉择，正是基于对和平与发展时代主题以及全球化时代特征的准确把握和理解的基础之上而顺利推进的。这也正是马克思历史唯物主义的固有内涵。邓小平在总结社会主义建设历史经验的基础上，把中国的发展放在全球性的世界体系的结构和整个人类社会发展的历史长河之中，提出了“应当把发展问题提高到全人类的高度来认识，要从这个高度去观察和解决问题”（1993）。只有把“一国两制”放到中国道路的整体性和历史性的体系中来推进，才能在横向和纵向两个纬度上彰显它所蕴含的超越有限性的理论和实践意义。“一国两制”的理论建构和未来设想，是在全球化的时空背景下发展中国家现代化发展模式的创新，不仅创造性地回答了在生产力落后的基础上怎样建设社会主义，而且创造性地回答了不同制度和发展水平的国家和地区如何通力协作共同实现现代化目标。它为人类社会的现代化发展增添了丰盈的内容和实现形式，也为全球化背景下探索新的现代化道路提供了示范效应。因此，从有机整体性和动态发展性意义上来看，“一国两制”是着眼于以全球性为特点的世界现代化发展的大格局来设计和规划中国现代化道路的进程与目标的，是中国以自己特殊的方式实现现代化进程的创造。“一国两制”是中国道路面向世界、面向未来的动态发展过程中的一种实践方式，是基于特殊国情设计的保证中国现代化建设顺利进行的运行模式，更是规避掉西方现代化道路和传统社会主义建设模式的缺陷之后，创造性地走出的一条较为完善的现代化道路的崭新范式。“一国两制”所蕴含的理论深度和政治智慧远远超越了实现祖国统一的权宜之限。

因而，实践上务必要在全球化的广阔场景和中国道路的整体格局中来处理“两制”关系问题，除了在原初和前提性上强调文化意义上的“一国”外，更要通过国民教育及其他有力的途径，平和积极地面对与构建一个现代政治意义和未来理想信念意义上的“一国”，从而有效去除英国运用长期的教育手段根植于香港民众思想中的那些日常霸权和虚幻的共和形象。将国家、民族、主权、文化等宏大的政治叙事与香港民众的住房、医疗、消费、环保、自我认同感等生活领域的微观政治结合起来，关注和满足普通大众的真正需求，毕竟“人们奋斗所争取的一切，都同他们的利益相关”（马克思，1956）。坚持有所为有所不为的原则，将香港民众有效地吸纳进整个国家体制和未来发展战略之中，将体现社会主义优越性的政治价值观渗透于港民的日常生活之中，内化成他们的行为准则和感性体验，最终使得“一国”突破文化和法律意义上的抽象概念性，成为香港民众现实生活的切实内容。全面把握现实的历史条件和时代主题，力求超越先验、超越表象、超越主观，以平和谦逊、包容共济的态度看待“一国两制”的发展前景和中国道路的未来。用开阔的视野和全局的观念克服民族、地区的狭隘性和保守性，客观地看待和认识“一国两制”实践中国家认同的构建、核心价值观的形成以及未来的发展。香港的民主改革固然重要，但不可脱离中央独自进行，也不可以凌驾于整个国家的主权、安全和发展之上。在发展的前提性上，必须明白自从回归后，香港和内地的命运已紧紧联系在一起，休戚与共、密不可分。香港未来的发展离不开“一国两制”的政策支撑、“两制”之间良好融洽的关系以及内地的繁荣稳定。不能用单纯的概念来代替和左右实践的走向，因为现实世界是“无须借助什么神奇的钥匙、什么特殊的话语和工具以及背后的活动，也能经得住探求和讨论的”（萨伊德，2007）。尽管“两制”的性质迥异，有时在方法、原则和价值上也会相互冲突，但它们所面对的未来愿景、共同期许以及塑造中国道路的共同实践却是这些相异背后最大的同。香港和内地的发展都是国家发展的重要构成要素，需要在《基本法》和“一国两制”的框架下共同探讨和找寻一条对双方都有利的发展道路。国家的发展是香港发展的前提和基础，脱离了国家的整体框架单谈香港的发展无疑是空中建楼阁，香港未来的发展毫无疑问必然是中国现代化道路的一部分。这不是理论的先验，而是现实发展的生成趋势。

四 结语

社会生活在本质上是实践的，无论是制度还是道路都“不外是人通过人的劳动而诞生的过程”（马克思，2004），是有意识、有目的的活动。中国道路和“一国两制”实践作为中国历史发展的实践经验总结和理论反思后的科学选择与仍在继续着的现实运动，它们的内涵和外延仍然在不断拓展之中。这是一场现实与思想交互作用的运动，现实影响着思想，思想也反作用于现实，并且在相互影响中双方都不断地改变着自己。由此推论得出，中国道路作为当下和未来中国的理论和实践、主体和客体共同建构的一条独具特色的现代化发展之路，既是“一国两制”未来发展的实践内涵，又是“一国两制”未来发展的共同历史任务和目标，更是规制“两制”向着统一和同归而运行的未来发展价值的旨归。

按照进化论的原理，事物的发展是由自身的变异和环境的选择共同作用的结果。因此，实践生成和整体生成的开放性、灵动性和复杂性不能被还原成某种机械枯燥的单一规则或普世的标准，任何一种道路和制度都必须在现实的变化中不断修正自身，以便契合新的发展情况和形势。因此，不能用孤立的、静止的、片面的观点，而要用联系的、全面的、发展的观点来看待其中任何一方和它们之间的关系。在创建中华民族充满希望的未来命运共同体和实现中华民族伟大复兴的中国梦的历史任务中，双方共同作用、相辅相成、二而为一。中国道路与“一国两制”实践在各自维度上的独特发展及其之间内含的内容与形式、整体与部分、决定与从属、统一与多样、相互关联、密不可分的关系，既是对马克思唯物史观理论内涵和变革意义的彰显和发展，也是对社会主义现代化建设实践的改革与创新。

参考文献

[1]《马克思恩格斯选集》第4卷，人民出版社，1995。
[2]《列宁选集》第2卷，人民出版社，1984。
[3]《马克思恩格斯全集》第4卷，人民出版社，1958。
[4]〔美〕爱德华·萨义德：《文化与帝国主义》，李琨译，生活·读书·新知三联书店，2007。
[5]《马克思恩格斯选集》第4卷，人民出版社，1995。
[6]《马克思恩格斯全集》第30卷，人民出版社，1995。

[7]《马克思恩格斯全集》第 4 卷，人民出版社，1963。
[8] 齐鹏飞：《邓小平与香港回归》，华夏出版社，2004。
[9]《邓小平文选》第 3 卷，人民出版社，1993。
[10]《邓小平文选》第 3 卷，人民出版社，1993。
[11]《马克思恩格斯全集》第 1 卷，人民出版社，1956。
[12]〔美〕爱德华·萨义德：《文化与帝国主义》，李琨译，生活·读书·新知三联书店，2007。
[13] 马克思：《1844 年经济学哲学手稿》，人民出版社，2004。

Relationship between China Road and "One Country Two Systems" Practices

Guo Xiaoshuo, Xu Haibo

Abstract: The China Road and "One Country Two Systems" as the theoretical achievements of Marxism in China an important part, is the innovation and development of Marxist theory of social forms, is characteristic of Marxist Practice generate concrete manifestation, but when China's modernization and development path both into the characteristics and national rejuvenation over the dialectical unity. However, the reality of the need for further development of theory and clarify what sort What is the relationship between the two: the "two systems two-way" or "two systems all the way"? Cut from concept through politics and road systems were analyzed using the practice to generate visual threshold to interpret the relationship between the two can be drawn "two systems two-way" is to create barriers and obstacles to the crux, and "two systems all the way" is the practice of ensuring the smooth conduct.

Keywords: Chinese Road; "One Country"; Practice Generation

“情绪政治”视域下的香港青年认同观*

林 滨 夏银平**

摘 要：香港青年认同观的特征可从国家认同、香港发展、核心价值、政治参与、认知行为五方面进行分析。解决香港青年认同问题，应契合当代意识形态“情绪政治”的特点，重视政治情绪与民众认同的影响关联，并以“情绪管理”为新的路径，注重青年生命体验的情感认同与生命历程境遇的正向改善，达致香港青年对国家、政府、社会与自身持积极心态，且整体认同。

关键词：情绪政治 认同 生命境遇

* 本文系教育部人文教育基地重大项目“改革开放视域下的社会意识整合”（项目号14JJD720020）、教育部项目“香港青年职业发展与政治参与”、广东省委统战部2016年港澳和海外统战工作理论研究课题“香港社会心态与澳门社会心态比较研究”的阶段性研究成果。

** 林滨，中山大学马克思主义哲学与现代化研究所教授，粤港澳发展研究院和港澳与内地合作发展协同创新中心兼职研究员；夏银平，中山大学马克思主义学院教授，博士生导师。

全球化时代的发展，在导致民族国家逐渐式微的同时，也将民族国家的认同问题日益凸显，呈现事物发展的一体两面，全球化与地方性、普遍性与独特性一直成为“求同”与“求异”过程中的双向力量，但毋庸置疑的是对一个国家或民族而言，“新的社会认同，特别是民族国家认同以及与之相关的文化认同再生产，在很大程度上正在变为全球化条件下各个国家捍卫自身利益的最为重要和有效的武器”（李友梅，2007）。香港青年认同问题关乎“一国两制”方略的实施，更关乎香港的长期稳定和繁荣发展，从青年发展决定香港未来出发，香港青年认同观发展会直接影响到“一国两制”的前景与香港的前途。

一　香港青年认同观的现状与分析

认同观包括国家认同和政治认同，政治认同关涉政治合法性，国家认同则关涉民族共同体和文化共同体认同。据此，对香港青年认同观可从国家认同、香港发展、核心价值、政治参与、认知行为五个方面加以分析，以把握其现状和特征。

在国家认同上，香港青年认同香港、抗拒中国的情绪远比上一代强烈。香港年轻一代对国家认同没有历史记忆，未曾显著受惠于香港与内地经济融合，对香港与内地文化差异缺乏理解和包容，导致青年本土意识较强而国家意识弱，自称“香港人”的居多，并以“香港人”身份作为民主化、社会抗争以及区分自己与内地人的载体。部分香港青年认为“一国两制”的“港人自治”没有真正体现，从主体性和公民权利诉求出发，希望普选，推进香港政制民主化，甚至有学生主张“港独”。

在香港发展上，香港青年对香港目前整体发展不满意成为主流，仅不到1/4表示满意。香港年轻人面对的问题，按性质划分，大致可分为全港性的和年轻人特有的两类，前者包括房屋、“自由行”/水货客及两地融合，后者包括教育、向上流动及政府施政与年轻人核心价值和期望落差等。香港青年既要面对香港经济地位下降、香港发展前景不明晰、贫富分化、房价高涨、两地融合等全港性问题，又要面对向上流动性下降、就业前景黯淡、薪酬增长缓慢、政府施政未实现年轻人期望等年轻人特有的问题。双重问题的叠加导致香港青年对香港社会整体发展满意度和政府工作认同度大幅下降。

在核心价值上，香港青年认为最重要的核心价值为廉洁、自由、公义和法治，接受抗争行为。香港社会制度、文化和教育蕴含的社会核心价值已潜移默化地塑造了青年的核心价值，同时差异化的香港政党的理念和行动也影响了青年对政府、政党、专业人士等的政治信任度。在追求核心价值的过程中，四成香港年轻人认为通过采取公民抗命方式去争取公义，并无不妥；对于“占中运动”，支持与反对的比例相当，约为三成半；香港年轻人对专业人士及政党的意见持怀疑态度，约四成不认为专业人士和政党组织能代表他们的意见和立场；对争取权益的各种团体和立法会议员的“拉布”行为倾向于接受；对于近年内耗不断，发展缓慢问题，认为应该给予政府更大权力去解决社会问题的约占三成，多于反对者（黎黄霭玲等，2015）。

在政治参与上，香港青年多数因担忧被朋友孤立而具有从众心理，并深受新型社交媒体的动员影响。因为朋辈所面对的社会现实基本相同，所接触的社会现象大致一致，这种联系对人的发展极其重要，尤其是在学生时代，以初高中到大学这一时期为最重要。香港的“占中”运动明显体现出了朋辈关系的影响。除极少数学运领袖外，大部分青年参加“占中”等社会运动主要是因为害怕被朋辈孤立或边缘化，反映出“从众心理”与“在场感”的需要。新媒体的新锐性和便捷性深受年轻人喜爱，微信、微博等新型社交媒体成为青年学生参与社会运动的重要资源共享和动员平台。他们的社会行动也更多地体现出“在场感”的需要，呈现出“广场政治”“街头政治”的展演性和表达性。

在认知行为上，香港青年存在明显的激进化特点。受青年思维行为特质所限，香港青年在认识、判断、选择与行动方面往往缺乏理性思考和全面判断能力，易被感觉和情绪所宰制，存有把任何社会、经济议题都政治化的倾向。在看待社经鸿沟和处理政制问题时，主要倾向于抱持愤懑不平又缺乏耐心的心态；否认自己是“中国人”、主张“港独”、滋扰内地游客以及在香港旺角事件中采用暴力行为等便是激进化的典型表现，青年价值观的激进化、网络民粹主义化和社会运动的暴力化这三大态势相互影响，我们务必要予以高度警思。

二　当代“情绪政治”的特点

现代社会日益表现出“情绪社会”的特征，政治情绪开始成为影响民众认同的一个十分重要的因素，负面情绪比正面情绪更有影响力。“政治是一种可以激发极端情绪的生活领域。情绪影响到政治人头脑中的所有烦恼，并且被所有这些方面所影响。价值、认同和态度具有情绪性或者具有情绪成分。”（马莎 · L. 科塔姆等，2013）。香港政治派别划分也常常建基于港人对于“中国”的不同感受和取态。因此，关注社会情绪，从不断变化的社会情绪氛围中捕捉有价值的政治资源，日益成为关乎现代国家治理和建构认同的重要理路。

"在全球化的时代，要想理解我们所生存的这个世界的复杂性，情感因素不可或缺。情感被媒体放大，它既反映着全球化，又对全球化做出反应，反过来还会影响地缘政治。"（多米尼克·莫伊西，2010）在以往的历史发展中，"历史一直是由意识形态的冲突而驱动的"（多米尼克·莫伊西，2010）。基于意识形态不同而形成的冷战思维在相当长的时期内主宰着世界政治格局，与理性主义被非理性主义取代主导地位的趋势一样，随着世界政治的风云激荡，在领导人决策、选举政治、公共舆论以及恐怖主义等问题领域，人类政治生活中长期被遮蔽的情感地位和作用逐渐呈现，心理因素成为理性、和谐与秩序的微观基础。在世界政治的今天，可以说，"情感总是在政治的最前沿"（多米尼克·莫伊西，2010）。其"主要原因在于全球化导致不安，引发了身份问题。在冷战时期，从来没有任何理由去问，'我们是谁'，答案简单而明晰，地图上画着两个敌对集团，将地球分成两大地区。但在一个不断变动的没有疆界的世界中，这个'我们是谁'的问题就越来越与每个人密切相关"（多米尼克·莫伊西，2010）。流动的现代性导致民族国家的式微和身份认同的问题日益凸显，"意识形态已经被身份斗争所取代……在一个由身份主导的世界中，我们不太被我们的政治信仰和观念所限定，而是由我们的核心理念所限定，由我们从自我成就中获得的自信以及我们从其他人那里获得的尊重所限定，或者由我们缺乏自信或尊重所限定。在我们的核心理念中，情感占有重要地位，与我们看待其他人的方式以及他人看待我们的方式息息相关。情感既是情感持有者自己的镜中影，又是他的眼中像”（多米尼克·莫伊西，2010）。

在所有的情感中，恐惧、羞辱和希望成为影响我们认同的三个重要的基本情感，恐惧、羞辱和希望，可以看作是人类的三个天然而又重要的组成部分，就像血液中的红细胞、白细胞和血小板。我们只有同时具有这些元素，才能活得健康。但健康取决于三者之间的平衡。任何一种元素太多或太少，对于身体的平衡和长期健康都是危险的。情感的平衡对于“世界健康的重要性，差不多相当于‘平衡’的学业对于人体健康的重要性”（多米尼克·莫伊西，2010）。对应这三大情绪，香港青年的共有情绪应该是焦虑、失落和担忧更为恰当，在经济、身份和未来问题上都有明显反映，他们对香港发展的不满意的看法背后内含这些情绪的表达，当香港在经济发展中曾经的辉煌不再，香港青年对香港和自身的未来发展越来越担忧之时，与之相伴随的认同问题也就愈发凸显。“我们意识到自身的脆弱性和核心地位的丧失，这正是我们身份危机的核心所在。”（多米尼克·莫伊西，2010）这些负面情绪一旦得不到有效舒缓，便很有可能会发展成为社会普遍弥漫的“怨恨”情绪。

“‘怨恨’是一种压抑性的妥协，是对不合理的秩序和规范的柔性妥协；或者说，它是对丧失了基本规范和准则的社会的一种消极反应。”（周志强，2016）虽然怨恨在情绪程度上不及愤怒，愤怒的激进往往与少数人联系，但怨恨却具有更大的弥散性，其对社会整体的渐进性侵蚀和破坏作用更加不可低估。“作为一种重要的社会情绪，怨恨既是社会结构及其诸多影响的一个方面，也对更为广泛的社会情绪氛围、社会运动、政治认同以及正式政治制度和政

治过程产生重要影响。”（王丽萍，2015）

在冷战时代，当代政治中民粹主义日趋壮大，与社会怨恨情绪有着密不可分的关联。“民粹主义是怨恨情绪大肆流行的一个观念或意识形态基础，而怨恨情绪又为民粹主义提供了重要的心理动力。”（王丽萍，2015）右翼民粹主义侧重于反对外来移民，强化本土认同和种族认同。“他们往往放大外来移民所带来的种种问题，激发社会的排外心理。”（郭正林、李镇超，2016）右翼民粹主义已经成为一种世界性政治现象，“如果社会存在较激烈的族群阶层矛盾，而这些族群矛盾无法在现有的政治体制下加以解决，政治右翼民粹主义就容易与极端民族主义结合，演变成为分裂主义，转而追求主权独立。政治右翼民粹主义搞分离的主要方式，包括发动全民公投、公民抗命、军事政变和暴力抗争等”（郭正林、李镇超，2016）。“无论在香港还是台湾，许多经济与政治困境被归咎于‘大陆移民’以及其变种（陆客、水客、新移民），在政治上的种种格格不入背后，‘大陆移民’似乎成为利维坦身上那个最为显性的恶之花。在台湾‘反服贸’的最高潮，有一种声音似乎倾倒宝岛众生：开放服贸就是让大陆劳工来抢台湾人的工作”（张明扬，2016）。因此，香港问题应该被放在全球视野中来看待，并非独特的问题，而是时代的共振问题，而且因为混杂了意识形态的冲突变得更加复杂而诡异。

从政治心理学的角度看，“情绪及其影响的行为同某种情境中的关键目标错综复杂地联系在一起。考虑到政治背景和价值的特定性，政治目标自然随着时间而变化。即使这样，人们也通常认为，外群妨碍内群的目标，因此，外群被自动地同否定性情感联系在一起。根据定义，外群被认为有所不同，因此，拥有不同的目标”（马莎 · L. 科塔姆，2013）。认同是一个“求同”和“求异”同时发生的过程，“无论是认‘同’还是求‘异’，都必须参照特定的社会边界，就必然出现内外、我他的分别”（约翰·非斯克，2001）。当香港青年形成香港人和中国人的二分法，且认为自己是香港人而非中国人的比例不断增大时，已经表明他们的国家认同出现了危机，并且极易对内地人产生刻板化的负面看法。

而且，在一个“情绪政治”的时代，与以往主要通过摆事实、讲道理的方式来说服民众有所不同，“如今摆事实、讲道理是解决不了沟通和引导问题的。这可能跟我们过去的常识有所不同。当下是一个多元化的社会，不同的人，从不同的角度，看到的是事实的不同方面。每个族群，都有自己观察事物的角度，以及捍卫自身利益、表达自身主张的严谨的逻辑。公说公有理，婆说婆有理，这是多元化社会的基本特点。因此，仅仅通过摆出一部分人所认定的事实、逻辑或道理，是很难被其他人所接受的。为什么？因为道理太多了。就像狼吃羊，从食物链的角度看，高端吃掉低端是正常规律。但从羊的角度来看，就是不能接受的。所以，这首先不是道理的问题，而是关乎感情、立场和关系的问题”（喻国民，2016）。因此，国家意识形态入耳、入脑、入心的社会前提条件，是必须与接受者产生情感共知和关系认同。在多元化的社会，从赢得人心而言，命运共同体的连接强于国家意识形态的引导，情感认同的力量大于理性逻辑。

情感认同最重要的是唤起“同情同理”之心。“同理”之心不仅是道德产生的基础，也是传播学意义上唤起受众代入感的路径。以“我是盲人，请帮助我”为例，这句文案错在它只是站在自身的角度，简单、粗暴地叙述我是盲人这样一个事实，无论从情感、行动还是画面来说，似乎都不足以让路人产生代入感。你是盲人跟我有什么关系？但如果换成"多么美好的一天啊，但我看不见"，便极易从情感上引起人们强烈的共鸣，"是啊，多么美好的一天，可你却看不见，真可惜，我们多么幸运能看见啊，你太不幸了，让我们来帮助你吧"。代入感的唤起，需要从情感、行动、画面、心理四个方面加以思考。同理，在"情绪政治"的时代，国家意识形态宣传话语的表达要自觉从宏大叙事到生活世界，从英雄人物到普通平凡的真实个体，并且契合当今文化传播的视觉化与感性化的特点，才有可能唤起受众的代入感，产生情感共鸣。中国两位农民一位失去光明、一个没有手臂却相互扶持种树成林的视频短片，在Facebook、Youtube累计播放量破百万，火遍全世界。这个典型案例表明，关注普通人的生命故事，用视频进行感性化的表达是打动无数人心灵和传播正能量的有效方式。

不过，从代入感唤起到情感共鸣的产生，只是受众产生国家意识形态认同的前提条件，个体的生命历程和发展境遇才是从根本上影响其国家认同产生与否的关键因素。政治不是空头口号和宣传表态，百姓不是根据文件与传媒，而是依据日常生活中的生命体验与自我感受来评价政府的作为。从社会角度看，国家意识形态领域在当下最重要的任务是要解决国家的方向感、精英的安全感和百姓的希望感；从个体角度看，便是要努力让个体生命历程与发展境遇的改善与国家发展同步。尤为注意的是社会变迁或变革会对个体的生存境遇产生重要的影响，"社会机制与个体特质的交互影响所形塑的累积性作用力，将不同个体带往不同的生命轨迹"（吴开泽，2016）。在社会性时间不断发展的过程中，个体的社会意识也在发生转变，从而塑造社会的性格。“我们在各种特定环境中所经历的事情往往是由结构性的变化引起的。所以，要理解许多个人环境的变化，我们需要超越这些变化来看待它们。”（C. 赖特·米尔斯，2001）

社会变迁通过个人生命历程生成社会意识。以中国民众对改革开放的态度为例，决定民众对改革开放政策认同与否的因素可谓众多，但至关重要的则是民众的生命境遇是否得到改善。“改革开放带来了经济好转，促使个人和群体家庭境遇得以改善。诸多大事件决定了个人和群体的生命走向，给人带来不同的生命体验，从而产生不同的社会意识。当把民间社会意识置于社会发展与生命历程两个维度来看待时，社会发展与个人发展的同步性极其重要。”（黄晓星、林滨，2014）认同问题的提出源于个体对自身生存状况及生命意义的深层次追问，因而这种追问需要立足于一定的框架之上，否则就会产生一种虚无和缥缈感。对此，当代社群主义代表查尔斯·泰勒认为，“我的认同是由提供框架或视界的承诺和身份规定的，在这种框架和视野内我能够尝试在不同的情况下决定什么是好的或有价值的，或者什么应当做，或者我应当赞同或反对什么”。个人和社会发展是民间社会意识中价值诉求的根本，这种价值诉求在中国体现为“过上好日子”。当回忆 30 多年的个人发展历程时，这是一种显意识，直接决定了个人对社会关系的认知与判断。个人和群体的经历成为一种记忆，决定了其现在对社会的看法。当个人与社会发展的共识产生断裂时，则会出现社会发展与社会焦虑的悖论。过去的记忆、现在的感受与未来的愿景塑造或稀释国家认同，香港青年个体的生命境遇在回归后会正向发展还是会负向倒退，也就成为影响个体对国家意识形态认同还是拒斥的关键所在。

三 以"情绪管理"提高香港青年认同的理路

"一国两制"下的国家认同和人心归向方面的工作，需要契合意识形态"情绪政治"的当代特点，以"情绪管理"为新的路径，以着力降低负面情绪为重点，并努力促进香港青年对国家、政府、社会与自身持积极心态，实现整体认同。

面对香港本土意识增强的社会心理，应在香港本土意识和国家意识之间保持内在的张力。香港本土意识的发展，也非近来才有的新兴事物，其发展轨迹甚至可以追溯至香港开埠之前；香港居民本土身份形成与其对中国的国家认同的过程，也从来都是复杂的：尽管港人曾经对"政治中国"产生疑惑和恐惧，但在"文化中国"的情感纽带，以及"经济中国"带来的新机遇下，港人还能在本土身份与国家认同之间，取得一些平衡和协调。但2009年以来，短短数年间，不少香港人的身份认同出现了前所未有的急剧转变，本土意识的演变过程先缓后急，至今已置身于群众运动理念的中心，也成为区分香港政治派别的焦点。鉴于身份认同问题与历史相关，且具有复杂性，特别是身份认同当下成为群众运动聚焦问题的特性，决定了解决身份认同问题需要相当长的时间，要做好经历数代人的思想准备。目前，战略布局不应把重心放在"人心回归"的目标实现与否上，应在遵循全面准确贯彻"一国两制"方略、以防止"港独"为底线，以不激化二者矛盾为策略，着重了解促成本土意识形成的客观条件，关注其未来的可能走向。

面对香港右翼民粹主义的偏激主张，应从冷战时代的全球视野出发，认识其问题的共振性，努力从法治层面加以遏制，同时从中积极捕捉社会情绪的信息价值，制定具有针对性的政策，回应民众基本关切，有效纾解公共情绪，特别是社会怨恨情绪。香港近几年的社会与政治纷乱状态，源自港英政府时期的历史包袱、过渡期症候群和前景落寞感等。香港特区政府必须有所担当和积极作为，对于社会决策需要一个稳定且明晰的发展方向，在制定发展战略时需要了解民意，但不能盲从民意，更不能被激进的民粹主义所绑架，要努力建构崇尚理性沟通与法治的社会治理模式；要了解不同群体的发展诉求；要努力探索实现市场经济和国家干预的内在张力，以经济发展和法治秩序为两手抓的重点。一方面，积极配合国家“一带一路”建设，努力帮助香港经济成功转型；另一方面，从社会管理方面，强化法治等方面的制度优势，对香港行政和司法系统对社会运动的暴力化无须强化政治色彩，应回归法治的价值。

面对港人对香港经济发展优势不再的普遍失落心态，应在政治实践智慧上，自觉将香港人的本土意识从身份认同引导到对香港社会管理制度的认同上，努力建立港人对香港包容的文化、廉洁的政府、精干的公务员队伍和良好的法制框架的社会管理制度的自信。在回归前的20世纪七八十年代，香港居民本土身份的出现奠基于其对“落后中国”的想象。香港在内地改革开放的进程中，因其地理位置优势成为经济发展的贸易中转地和金融中心，对中国加入世界贸易体系发挥了重要的作用和做出了较大贡献，目前随着内地与世界经济的联系加强和“一带一路”建设的推进，香港原有的地理优势和金融中心地位不再突出，但其对中西方文明、对自由观念和市场的巨大包容力仍然是其魅力所在，香港的崛起之因和衰落之源其实大体相同。但港人优越感的逐渐丧失和偏颇的归因思维，极大地阻碍着“人心回归”，由此滋生了本土意识。了解症结，才能针对性地下药，必须重建香港自信和推进内地社会治理转型，这样既可弥合香港人经济优势不再而产生的失落感，也对中国社会治理走向善治具有积极的推进作用。

面对香港青年参加社会运动的政治热情，应积极拓展青年参政渠道，推动青年从运动表达转向体制表达。香港特区政府应让更多年轻人参与咨询委员会和法定组织，增加年轻人在其中所占的比例，加强与年轻人的沟通，使年轻人在现有体制内向政府直接表达政治诉求。

面对香港青年的激进化倾向，应从青年特质和人性层面给予理解宽容，避免过激的强势反应。香港青年的激进化不可否认，但从青年特质来看，也不难理解，因为“妥协是成年的智慧，激进则是青年的专利。虽然激进对于人类整体而言是一个已经多次犯过的错误，但对于每一具体的青少年个人，它却是新鲜的”。香港青年中只有少数人持“港独”的过激主张，大多数人的诉求基本不会超过“治权”的冷静范畴。从人性层面来说，排外其实是人在面对外部环境刺激而又无力改变的时候，倾向于把自己封闭起来拒绝外部事物的自然反应，内含隐约的恐惧，也有对前途挥之不去的迷茫，这是人性的正常反应。因此，内地无需对目前香港少数年轻人的过激言论太惊诧，也不必将大多数普通青年人的恐惧情绪放大且政治化，克服贴标签式的刻板化，而是将用力点放在解决香港社会和青年的发展问题上，让青年人的生命历程与社会发展同步，帮助年轻人成为一个有情绪但更理性的政治人。

面对香港青年对“洗脑”的拒斥情绪，应积极从契合青年认知特点出发，将以国情教育和观光为主的交流方式转为以“志愿”“慈善”为主的服务活动，鼓励香港青年到内地开展体验式学习考察和社会服务活动，将自我的生命体验作为青年感知真实中国的主要方式。国情教育是以往帮助香港年轻人认知国情的主要方式，但由于内容和方法存在“硬销”的方式，效果大打折扣，甚至适得其反。“香港青年普遍认为组织到内地的交流团可以有效提升年轻人对国情的认知，令他们更全面认识内地的发展，和反思国家所面对的问题，为他们提供客观、自然和潜移默化的熏陶机会，比硬性学习更有效，而以服务有需要人士、体验生活为主的交流方式会较以观光为主的更能达到上述目的。”（黎黄靄玲等，2015）因此，建议以后两地交流活动更多采取青年喜欢的“志愿”“慈善”活动，鼓励香港年轻人到内地进行体验式学习考察和社会服务活动，使得他们对中国的认识从接受媒体传播内容转变为自身感受。

面对香港青年社会活动的自我组织特点，应从以政府为主体的组织方式，转向以学生会和民间组织为主体的组织方式。以公益基金会为依托，与地方社区等直接对接，在青年志愿者与慈善行动方面形成双方长期交流与合作的长效机制，积极推动建立香港和内地校级、院系层面的学生会合作机制，开展青年感兴趣的学术夏令营、职业素质拓展周与野外活动训练营等活动，通过共同活动、情感交流等消弭偏见与根本分歧。

面对香港青年主要通过网络获取资讯和建立人际交往关系的特点，应积极提供新媒体平台，让青年媒体人有发声之地，鼓励用青年喜闻乐见的表达方式传播积极的价值观，从对被灌输的拒斥转变为“我来代言”的主动。“马克思是个90后”便是个典型的微信传播成功案例。

参考文献

［1］黎黄霭玲、何建宗、余婉华、张羽廷：《香港年青人的处境和诉求研究》，香港集思会，2015。

［2］李友梅：《社会认同：一种结构视野的分析》，上海人民出版社，2007。

［3］〔美〕马莎·L. 科塔姆等：《政治心理学》，中国人民大学出版社，2013。

［4］〔法〕多米尼克·莫伊西：《情感地缘政治学》，新华出版社，2010。

［5］周志强：《陷入怨恨社会的陷阱》，《社会科学报》2016 年 6 月 16 日。

［6］王丽萍：《应对怨恨情绪——国家治理中的情绪管理》，《中国图书评论》2015 年 4 月号。

［7］郭正林、李镇超：《当代世界的民粹主义：四种主要类型》，《人民论坛》2016 年 6 月 27 日。

［8］张明扬：《全世界的底层，从未像今天这样分裂》，腾讯《大家》2016 年 6 月 27 日。

［9］〔英〕约翰·菲斯克：《解读大众文化》，南京大学出版社，2001。

［10］喻国民：《我对当前网络舆情治理问题的两个基本观点》，《新媒体联盟》2016 年 7 月 2 日。

［11］吴开泽：《生命历程视角的城市居民二套房获得》，《社会》2016 年第 1 期。

［12］〔美〕C. 赖特·米尔斯：《社会学的想象力》，北京三联书店，2001。

［13］黄晓星、林滨：《社会变迁、自我发展与民间意识》，《中国社会科学》（内部文稿）2014 年第 4 期。

The Identities of Youths in Hong Kong: A Perspective of Politics of Emotions.

Lin Bin, Xia Yinping

Abstract: The characteristics of identities of youths in Hong Kong can be analyzed from following five aspects: the identification with the state of China, Hong Kong's development, the core values, political participation and cognitive behaviors. In order to solve the problem of the identities of youths in Hong Kong, we need to realize the characteristics of the politics of emotions related to contemporary ideologies, pay attention to the relations between political emotions and identities of people, and improve positively youths' emotional identities derived from their life experiences and the situations of their life courses. As a result, youths in Hong Kong will identify with the state, the governments, the society and the self with positive mentalities.

Keywords: The Politics of Emotions; Identity; Life Situations

港澳经济

澳门经济增长新特征及多元化路径研究

刘　洋　袁持平*

摘　要： 自2001年赌权开放以来，澳门GDP年平均增幅一直保持在15%左右；2007年，澳门人均GDP首次超越香港；2010年，澳门GDP年增幅为17.4%，人均GDP达到5.1万美元，位居亚洲第一。2006年，澳门超越拉斯维加斯，成为世界第一赌城。然而值得注意的是，支撑澳门经济快速增长的产业只有博彩业。一个产业的比例过高，对一个地区的整体发展和持续发展不利。因此，本文从澳门经济增长的特征入手，总结澳门目前经济发展的现状，分析目前经济发展存在的问题，探讨实现可持续发展的多元化途径，并就2014年6月以来澳门经济发展的新特征提出相应的发展新思路，这有利于澳门特区政府把握国家"十三五"规划、

* 刘洋，中山大学粤港澳发展研究院、港澳与内地合作发展协同创新中心，博士研究生，研究方向为港澳经济、宏观经济学；袁持平，中山大学港澳珠江三角洲研究中心副主任，教授，研究方向为区域经济学。

“一带一路”建设的机遇，以及内地自贸试验区建设的契机，提升特区在国家经济发展、对外开放中的地位和功能，进一步创造更多有利的条件，增加澳门未来经济发展的新动力。

关键词： 博彩业　内部多元化　产业多元化　合作多元化

一　澳门经济的总体发展状况及特征

回归至今，澳门的经济发展取得了令人瞩目的成绩。本文第一部分将从经济总量、公共财政、就业状况、对外贸易四个角度全面、客观地描述澳门目前经济的总体发展状况。

（一）经济总量

澳门回归以来，由于澳门社会环境改善，博彩业开放和内地的支持，经济迎来持续增长的黄金阶段，如图 1 所示。总体而言，澳门经济总体呈现如下特征。

1. 经济总量高速增长，增速波动明显

澳门经济近年来总体稳步增长，从 1999 年到 2014 年，澳门本地生产总值（以下简称 GDP）由 493.87 亿澳门元增至 4432.97 亿澳门元，增长了 7.98 倍，年均增长率达 16.17%。但与此同时，澳门作为微型经济体，其经济增长受外围经济影响较大，增速波动明显。尤其 2014 年以来，受博彩业毛收入显著下降和旅客消费水平下降等影响，澳门季度 GDP 呈现连续大幅下跌趋势。

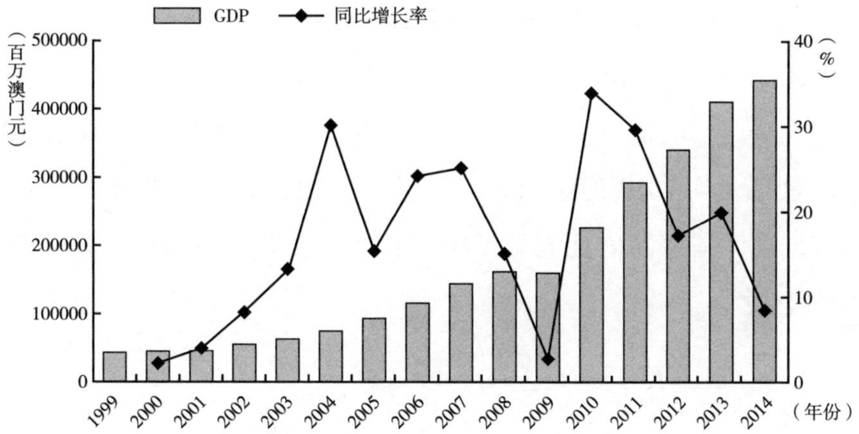

图 1　澳门 GDP 及同比增长率变动情况

2. 产业结构不完善，发展呈现单极化

澳门第一产业占 GDP 比重几乎为零；第二产业的比重随着制造业的外移呈现不断下降的趋势，由 2002 年的 12.11% 下降到 2013 年的 5.68%；而以博彩业为主的第三产业占生产总值比重呈不断增加趋势，占据澳门经济的绝对主导地位，如表 1 所示。

表 1　澳门产业结构变动情况

单位：%

年份	第一产业	第二产业	第三产业
2002	0.00	12.11	87.89
2003	0.00	12.78	87.22
2004	0.00	12.05	87.95
2005	0.00	15.17	84.83
2006	0.00	19.75	80.25
2007	0.00	19.14	80.86
2008	0.00	17.23	82.77
2009	0.00	10.89	89.11
2010	0.00	7.31	92.69
2011	0.00	6.45	93.55
2012	0.00	6.24	93.76
2013	0.00	5.68	94.32

3. 人均 GDP 增长较快，位居世界前列

澳门人均 GDP 由 1999 年的 1.47 万美元增至 2014 年的 8.93 万美元，增长 5.07 倍（见图 2）。2014 年，相比世界其他国家（地区），澳门人均 GDP 列亚洲第二，世界第四，是香港地区人均 GDP 的 2.35 倍，是中国内地人均 GDP 的 12.84 倍，一跃成为全球最发达的地区之一。

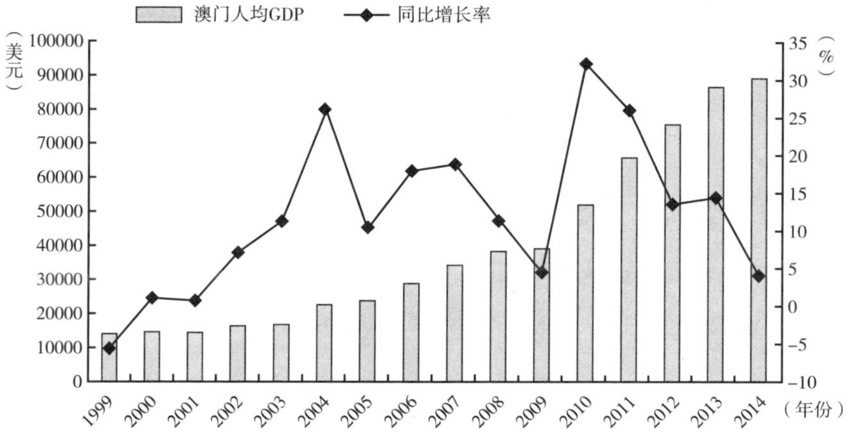

图 2　澳门人均 GDP 及其增长率

（二）公共财政

澳门特区回归初期，财政盈余仅有 3 亿澳门元左右，但经过十几年的发展，财政盈余水平快速提高，同时居民的生活质素水平已经处于世界各国地区的前列。财政盈余水平的提高及政府相关政策的制定，使澳门的社会保障制度非常完善。

1. 财政收入大幅提高，博彩税收占据较大比重

由表 2 可知，2002 年赌权开放，澳门博彩业毛收入达 228.43 亿澳门元，实现税收 77.66 亿澳门元，博彩业税收占博彩业毛收入

的34%；而到2014年，澳门博彩业毛收入达到3515.21亿澳门元，实现博彩税收1367.10亿澳门元，财政收入达到1618.61亿澳门元，博彩业税收占财政收入的比例高达84%。

表2　2002～2014年澳门博彩业毛收入、税收及财政收入

单位：百万澳门元，%

年份	博彩毛收入	博彩税收	财政收入	博彩税收占财政收入的比例
2002	22842.6	7765.8	15641.6	50
2003	29475.9	10579.0	15226.9	69
2004	42305.6	15236.6	18370.6	83
2005	45800.4	17318.6	28200.8	61
2006	57521.0	20747.6	37188.5	56
2007	83847.0	31919.6	53710.5	59
2008	109826.3	41896.6	57632.9	73
2009	120383.0	45697.5	69870.9	65
2010	189587.8	68776.1	88488.1	78
2011	269058.3	99656.4	122972.3	81
2012	305234.9	113377.7	144994.5	78
2013	361866.3	134382.5	155512.1	86
2014	351521.2	136710.2	161861.1	84

2. 财政盈余迅猛增长，社会保障制度更加完善

澳门自回归后，财政盈余逐年上升，尤其2007年后，增长速度更是大幅加快。2014年，财政盈余达到947.8亿澳门元，是2000年的300多倍，是澳门所有经济指标中增长幅度最大、增长速度最快的指标（见图3）。迅猛增长的财政盈余为澳门社会保障制度的完善提供了良好的经济基础。

（三）就业状况

澳门总体的就业市场呈现如下特征。

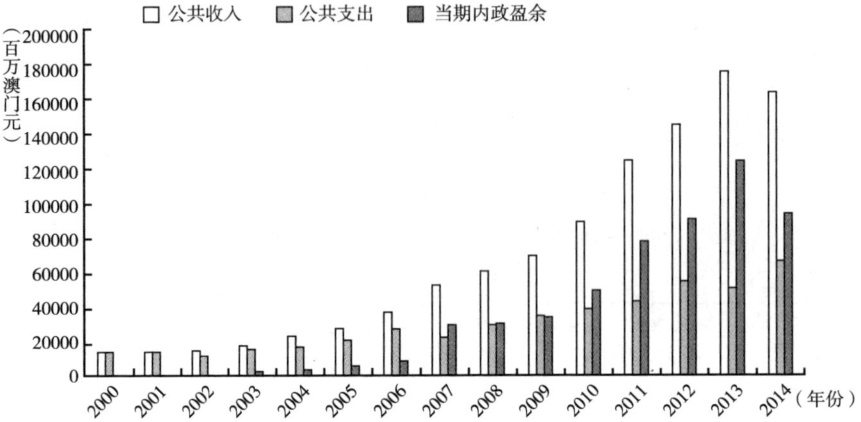

图3　澳门财政盈余情况

1. 失业率不断下降，整体劳动参与率持续上涨

1999～2014年，澳门的劳动参与率从65.5%上升到73.8%，失业率由2001年的最高峰3.6%下降到2014年的0.4%，这表明越来越多的澳门居民进入劳动力市场就业（见表3）。

表3　1999～2014年澳门劳动参与率与就业不足率

单位：%

年份	1999	2000	2001	2002	2003	2004	2005	2006
劳动率参与率	65.5	64.3	65.0	62.6	61.2	62.2	63.4	65.7
就业不足率	1.3	3.0	3.6	3.4	2.7	1.9	1.4	1.0
年份	2007	2008	2009	2010	2011	2012	2013	2014
劳动率参与率	68.6	70.7	72.3	72.0	72.5	72.4	72.7	73.8
就业不足率	1.1	1.6	1.8	1.7	1.1	0.8	0.6	0.4

2. 制造业就业人口不断减少，服务业就业人口不断增多

由图4得知，澳门就业人口中，从事制造业的人数比例递减趋势明显，而从事服务业相关产业的人数比例则不断增加。尤其文娱博彩及相关服务业就业人口占总就业人口的比例由1999年的

10.45%增长到2013年的24.2%，这就意味着2013年澳门每4个劳动力中，几乎就有1个从事文娱博彩及相关服务业。博彩业的发展在吸收澳门劳动力、降低澳门失业率方面做出了突出的贡献，是影响澳门劳动力就业市场发展的最重要因素。

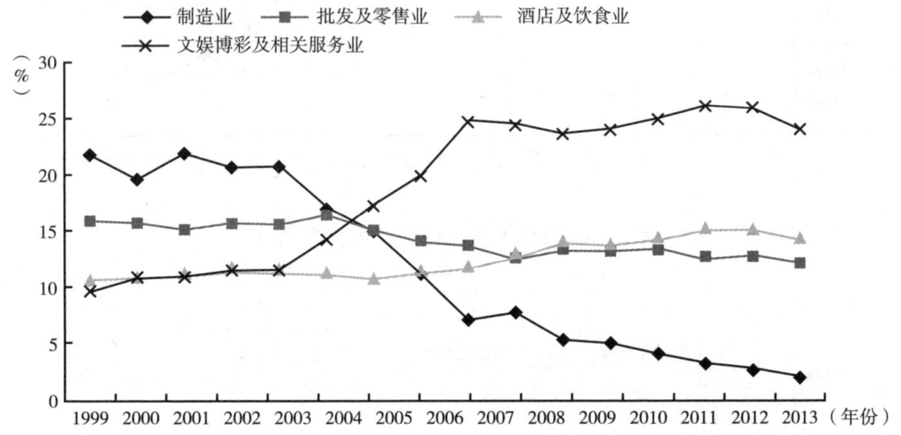

图4　澳门部分产业就业人口所占比例

（四）对外贸易

1. 贸易逆差快速增长

从商品进出口贸易来看，2000年以来澳门与世界所有国家和地区的贸易余额从顺差向逆差转化，且有逆差不断增加的趋势（见图5）。

2. 澳门外来直接投资持续增长

澳门接受外来直接投资和对外直接投资均有所增长，但是接受外来直接投资的量远远超过对外直接投资的量，且两者之间的缺口有扩大趋势。从2002年至2014年，澳门累计接受外来直接投资快速增长，从2002年的258亿澳门元上升至2014年的约2188.6亿澳门元，增长了7.48倍（见图6）。

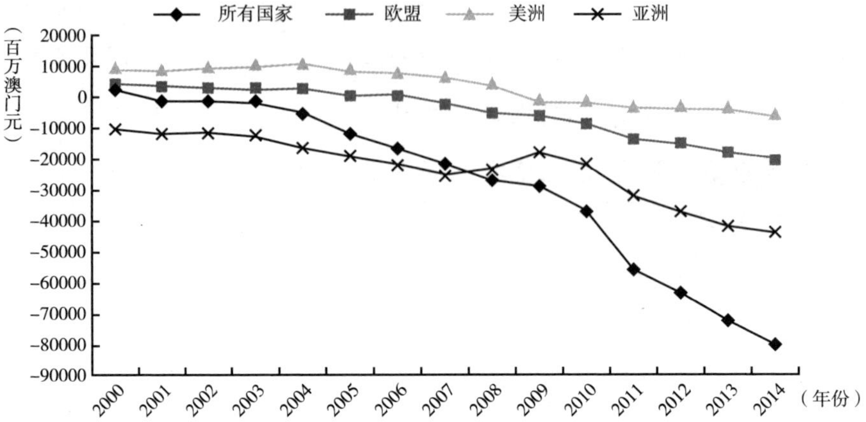

图 5　澳门与不同区域之间的贸易余额

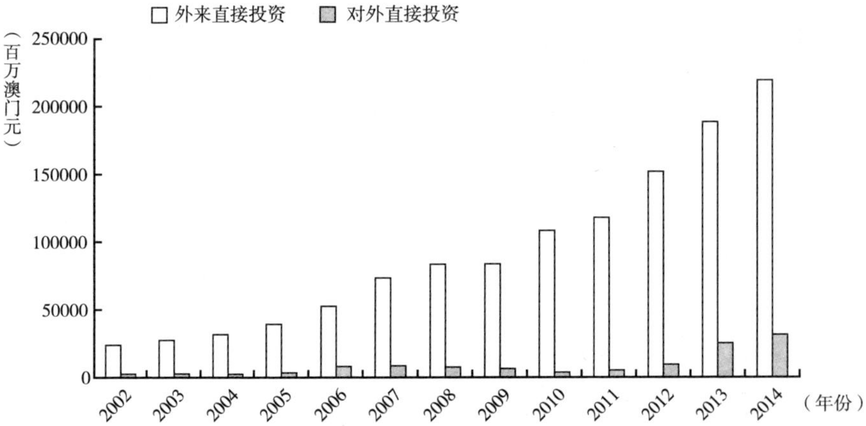

图 6　澳门接受外来直接投资和对外直接投资

二　澳门经济发展面临的问题与制约因素

综上所述，澳门经济总体发展情况良好，但未来经济的发展也面临着一些制约因素。

（一）要素禀赋短缺，缺乏可持续增长的基础

1. 地域面积小，土地要素紧缺

澳门目前由澳门半岛、氹仔岛、路环岛和路氹城四部分组成，总面积共30.3平方公里，人口63万人，是全球人口密度最高的地区之一。与同是著名赌城的拉斯维加斯（Las Vegas）比较，可以看出，澳门的土地面积要远小于拉斯维加斯，人口密度远远大于拉斯维加斯（见表4）。

表4　澳门与拉斯维加斯自然条件对比

城市	人口(万人)	土地面积(平方公里)	人口密度
澳门	63	30.3	2.08
拉斯维加斯	190	293.6	0.64

资料来源：澳门、拉斯维加斯政府官方网站，2014。

2. 人力资源匮乏，外地雇员比例增加

自身人力资源基数有限是澳门面临的十分棘手的问题之一。由于澳门经济迅速增长，虽然本地居民失业率逐年下降，工资水平持续上升，但劳动力市场依然处于短缺状态，如图7所示。

3. 自然资源、能源对外依赖程度严重

澳门境内没有河流，且土地资源有限，无法兴建大型水库，自古以来，澳门的淡水资源一直比较缺乏。与水资源相比，电、天然气、石油气、液态燃料等能源几乎全部靠进口，对外依赖程度严重，如表5所示。

（二）产业结构失衡，缺乏可持续增长的动力

自回归以来，博彩业重新成为经济发展的主要支柱。然而，澳

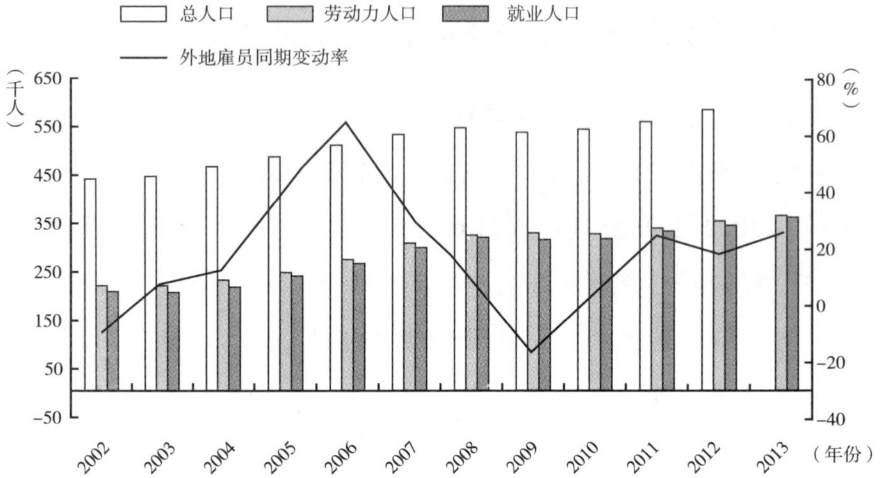

图7　澳门总就业人口及外地雇员同期变动率

表5　澳门与拉斯维加斯自然条件对比

指标	电（10^6 千瓦时）	石油气（公吨）	天然气（千立方米）	汽油（千公升）	普通水火（千公升）	轻柴油（千公升）	重油（千公升）
耗用量	4739.9	44686	57905	99592	4144	122715	57597
进口量	4098.8	43606	58370	95443	4292	197635	55770
差额	641.1	1080	-465	4149	-148	-74920	1827

门“博彩业”的一业独大，也隐含着一系列经济风险以及由此带来的财富集中等社会问题，对澳门经济的可持续增长和社会和谐也形成挑战。

1. 博彩产业产值占据主导地位

从澳门目前的各产业结构情况来看，博彩产业产值总量高、增长快，在产业结构中占主导地位（见图8）。尤其2010年以来，博彩旅游业所占比例达50%以上，发展更为迅速。

同时，博彩业带来的毛收入增长飞速。由表6可知，2002年，各类博彩项目收入为234.96亿澳门元，2014年各类博彩项目收入

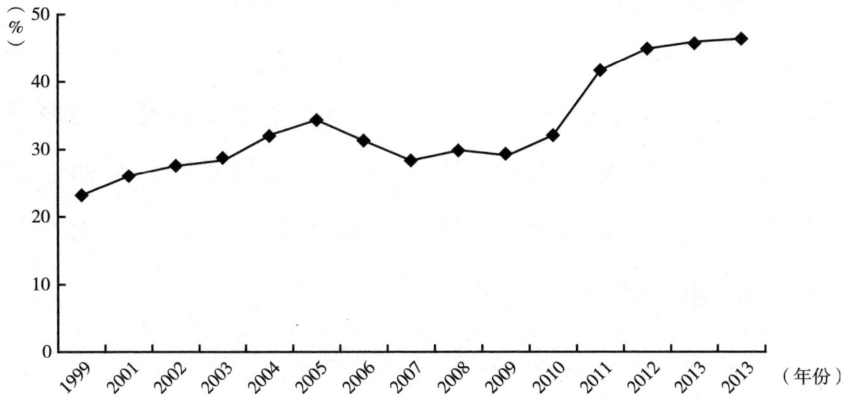

图 8　澳门 1999～2013 年博彩产业产值占 GDP 比重

达到 3527.14 亿澳门元，已达到拉斯维加斯的 7 倍之多，稳居全球第一位。

表 6　2002～2014 年各类博彩项目收入

单位：百万澳门元

年份	幸运博彩	赛狗	赛马	中式彩票	即发彩票	体育彩票－足球博彩	体育彩票－篮球博彩	总额
2002	22180	76	539	4	0.83	641	56	23496
2003	28672	74	1004	3	0.07	510	52	30315
2004	41378	84	1566	5	0.03	442	36	43511
2005	46047	67	636	7	0.03	333	44	47134
2006	56623	67	437	7	0.03	327	60	57521
2007	83022	98	403	6	0.02	273	44	83847
2008	108772	186	501	6	0.003	304	57	109826
2009	119369	327	333	6	0.0024	279	69	120383
2010	188343	340	440	6	0.0023	380	79	189588
2011	267867	297	440	6	0.0036	362	86	269058
2012	304139	205	356	6	0.0014	418	111	305235
2013	360749	178	365	5	0.0024	419	150	361866
2014	351521	145	306	6	0.0014	598	138	352714

资料来源：澳门特别行政区政府博彩监察协调局官方网站。

2. 博彩相关性较大产业所占 GDP 比例有所上升

从博彩相关产业发展角度看，受博彩业影响比较大的产业主要有酒店业、批发及零售业、饮食业，这些产业的发展受到博彩业发展的深刻影响，具有很强的博彩业印记。数据显示，1999 ~ 2013 年，产业总值占 GDP 比例有所上升的除博彩业外，仅有批发及零售业、酒店业、饮食业（见图 9）。

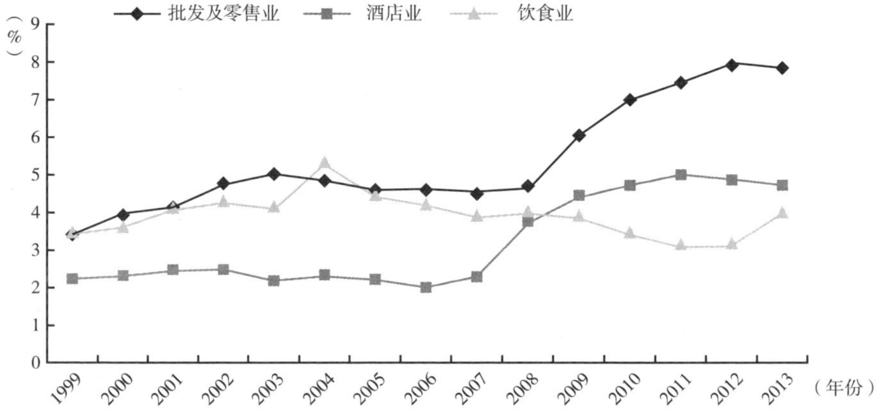

图 9　澳门 1999 ~ 2013 年博彩相关性较大产业所占 GDP 比例

3. 其他产业占 GDP 比例有所下降

博彩旅游业的扩张使制造业、建筑业、金融业等其他产业产值占 GDP 的比重均有不同程度的下降。制造业处于不断衰退状态，产值占 GDP 比重在不断下降，2013 年仅占 0.6%。建筑业产值占比变化呈倒“U”形趋势。建筑业占比从 1999 年的 3.04% 逐步增长到 2007 年的 15.09%，达到峰值，随后其比重逐步下降，到 2013 年仅占 4.38%。金融业下跌趋势较平缓，比重从 1999 年的 9.9% 逐步下降到 2013 年 6.18%，其他服务业比重也均呈现缓慢下降趋势（见图 10）。

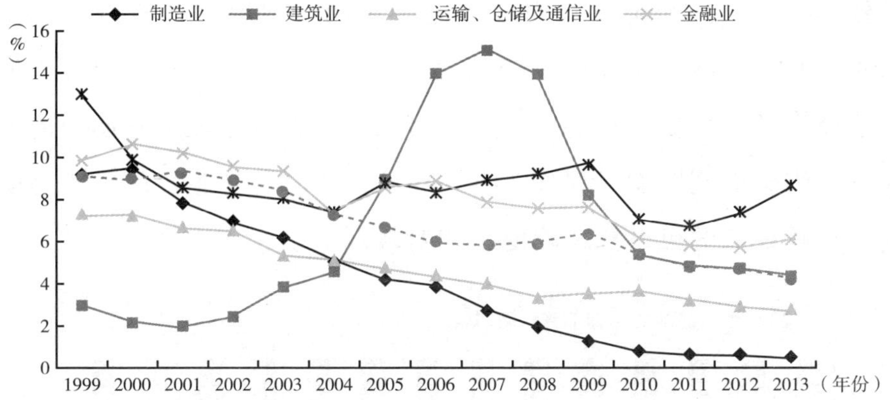

图10　澳门1999～2013年其他产业所占GDP比例

经分析可知，澳门目前总体经济、公共财政、就业结构等对博彩业的依赖性都达到了极高的水平，澳门博彩业“一业独大”格局基本形成。但目前博彩业仅对其相关产业产生了联动效应，同等条件下其他产业发展空间有限，这对澳门其他产业来说是一个严重的挑战。

同时，由于澳门经济没有形成完善的内部产业体系，经济发展基础不牢固，过度依赖博彩业及相关产业的发展，因此，经济增长容易受到外部因素的冲击而大起大落。然而，当博彩业发展减速或者遭遇瓶颈时，当前的澳门财政储备是否能够承受财政危机的风险，依然有待检验。

（三）旅游结构单一，缺乏可持续增长的来源

澳门旅游博彩业占据重要地位，但旅客来源相对单一。据澳门统计暨普查局的数据，在澳门所有入境旅客中，原居地在内地的比例由2002年的37%上升为2014年的67%。其中，2002年中央的“自由行”政策放开后，内地游客比例由2001年的29.34%迅速上

升到2003年的48.30%；而金融危机期间，内地游客所占比例由2008年的57.98%下降到2009年的50.52%，由此可见，当政策调整或经济环境发生变化时，澳门旅客结构将会发生波动，澳门博彩业收入将会受到影响（见图11）。可见，澳门博彩业发展确实易受到中央政策的约束，抗风险能力相对较弱。

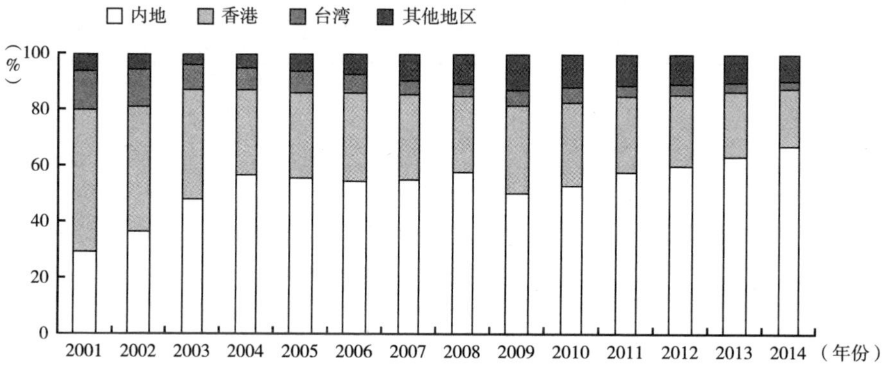

图11　澳门入境旅客的主要客源地比例

综上所述，澳门博彩业的发展虽然带来了澳门经济的辉煌，使澳门居民收入和生活水平都有了很大提高，但是也不可避免地造成了诸多不良的经济影响，如产业过度单一、劳动力成本上升、土地资源紧张，间接造成人口密度过大，交通、环境质量下降等问题，功过参半。因此只有适度控制澳门博彩业规模的进一步扩张，继续推行“多元化”政策，才能促进澳门博彩业的可持续发展以及澳门经济的平稳运行。

三　澳门经济发展多元化策略分析

早在2002年何厚铧先生就在《施政报告》中明确提出关于澳

门产业结构调整适度多元化和均衡发展的基本观点。2014 年 12 月 19 ~ 20 日，国家主席习近平出席澳门回归 15 周年庆典，提出“澳门必须居安思危，走经济适度多元可持续发展道路”，这被解读为中央向澳门释放出新的信号——澳门到了转型之时。综上所述，可以看到澳门博彩产业已不得不调整发展规模，探索多元化发展。为解决上述博彩产业面临的问题，本文提出产业多元化与合作多元化的发展策略。

（一）产业多元化现状与途径

本文选取澳门 2003 ~ 2013 年各产业经济发展数据，利用 Ogive Index 来度量澳门产业多元化程度。结果如图 12 所示，2003 ~ 2013 年，澳门的 Ogive Index 总体呈现不断上升趋势，也就是说产业结构多元化水平越来越低，产业结构单一化问题越来越严重。为了探讨多元化的途径，本文将产业多元化细分为博彩旅游业多元化、关联产业多元化、新兴产业多元化。

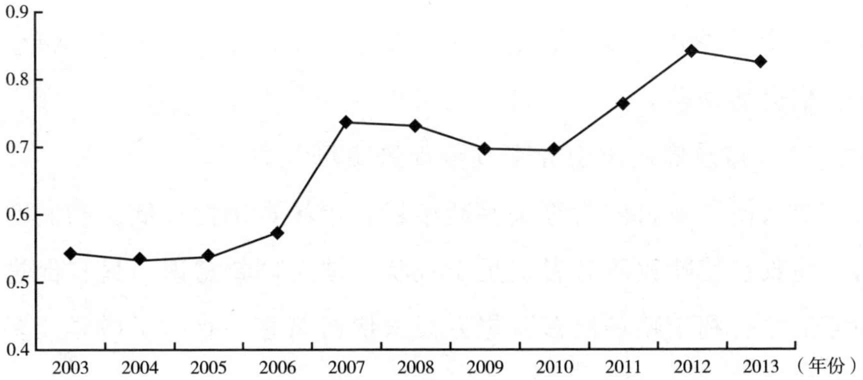

图 12 澳门产业多元化程度

资料来源：根据澳门统计暨普查局网站数据计算得出。

1. 博彩旅游业多元化

澳门具有极富特色且不可替代的中西文化交融的历史人文景观，这是澳门博彩业多元化发展的重要比较优势。因此，可参照拉斯维加斯博彩业多元化的手段，充分发挥澳门自身的优势特色，使博彩业多元化发展。

（1）充分挖掘利用澳门特有的人文历史景观资源

澳门历经中葡交错统治400年的历史，在保留中国传统文化的同时又融入了西方色彩，“澳门八景”（妈阁紫烟、镜海长虹、三巴圣迹、灯塔松涛、普济寻幽、庐园探险、黑沙踏浪、龙环葡韵）及渔人码头、澳门文化中心等现代新景观等丰富的历史人文旅游资源是澳门独特的比较优势，也是澳门博彩业的核心竞争力。对这些澳门特有的历史文化资源的充分挖掘、合理统筹、科学宣传，不仅有利于澳门博彩业的多元发展，也有助于澳门形象的宣扬。

（2）举办更多元的旅游休闲娱乐活动

借鉴拉斯维加斯博彩旅游多元化方式，澳门应该利用其水上岛屿的自然风光资源、中西文化融合的历史人文景观资源、完善的赌场设施资源举办更多元的旅游休闲娱乐活动，如特色婚庆、特色表演、聚会活动等。

（3）在政府政策引导下逐步促进市场竞争

澳门博彩业目前为寡头垄断市场，市场竞争性较低，利润空间高，高收益使赌权所有者满足于现状，缺乏创新意识，只有促进市场竞争才有利于赌场经营者想方设法挽留赌客，有助于博彩业多元化发展。

2. 关联产业多元化

产业关联度是指产业之间形成的相互关联、互为存在关系的内在联系衡量指标。澳门产业多元化发展，必须首先选择与博彩业关联度高的产业，利用博彩业的带动能力，优先予以政策支持，才能在资源最优配置的基础上有效实现多元化。经相关测算，本文认为澳门在与博彩业关联产业多元化发展过程中，应该重点关注以下产业：酒店业、批发及零售业、饮食业、金融保险业。

（1）酒店业

澳门酒店业有悠久的历史，澳门回归后，尤其是博彩经营权开放后，澳门酒店业进入迅速发展的新阶段。澳门统计暨普查局数据显示，2014 年酒店业盈利上升近 20.0%，为 49.6 亿元。盈利比率较 2013 年的 16.3% 上升 1.5 个百分点，为 17.8%，较 2012 年的 11.6% 则增加 6.2 个百分点，反映了酒店业的盈利情况有所改善（见图 13）。

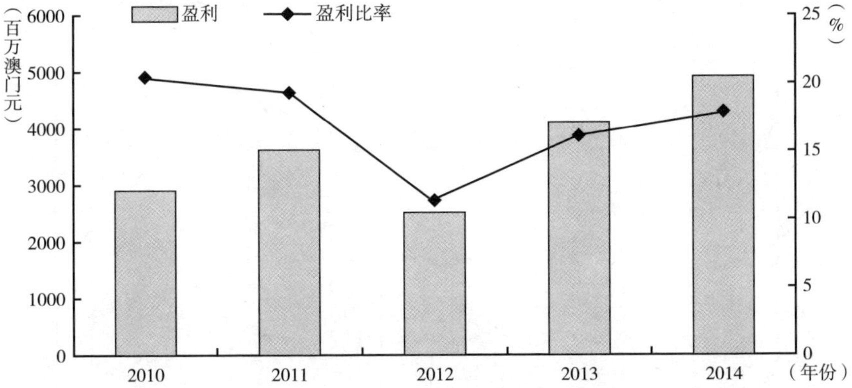

图 13　澳门酒店业盈利及盈利比率

本文建议发展两大类酒店：①以历史文化为主题的酒店，此类酒店基于澳门特有的中西方文化结合的风情，可以搭配各个不同的历史主题建立不同的酒店园区，并穿插各式各样的活动，在发展酒店业的同时充分展示澳门的风采；②借助于邻近粤港地区的优势发展康体类酒店，粤港地区的药膳、中药调理、康体保健等行业较为发达，澳门与横琴合作过程中，可以借助横琴打开澳门与粤港在康体保健方面的交流与合作，在澳门与横琴一体化过程中，利用横琴地区，建立一系列的康体保健酒店，使得澳门酒店业逐渐降低对博彩业的依赖程度，而酒店业向多元化方向发展也有助于拉动澳门产业多元化发展。

（2）批发及零售业

从整体上看，澳门零售企业规模较小、集约化程度不高、竞争力不足。澳门批发及零售业在市场流通规模、商业网站布局等方面发展都比较滞后。到目前为止，澳门还没有一家规模较大、设施现代化、交通便利、功能完备的仓储式商场，缺少具有规模优势与品牌优势的本地连锁专卖店。如图 14 所示，澳门批发及零售业总体盈利水平近年涨幅不大，且 2014 年起开始出现下降趋势。

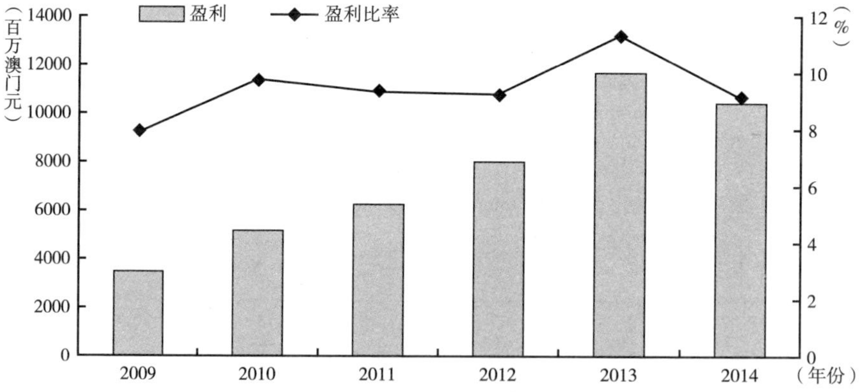

图 14　澳门批发及零售业盈利及盈利比率

批发及零售业与博彩业的关联度较高，博彩业的发展为推动零售业的扩张提供了良好的契机。澳门应该对批发及零售业的布局进行科学的规划，可按零售商品分类建成手信街、手工艺品街、博彩纪念品街等，也可按不同主题分类建成特色主题街，还可建成综合购物中心等，加快澳门批发及零售业的规模扩张及产业整合和并购，推进和完善连锁经营，实现效益梯度增长。

（3）饮食业

具有中葡特色的美食是澳门的比较优势，澳门应该充分发挥自身的中葡特色，建立具有澳门风味的小吃街，与各类主题酒店相互依托，结合药膳、西方美食特色等，创建自己的特色饮食产业。因此，饮食业是澳门产业走向多元化的重要突破点和澳门未来经济的重要增长点。

（4）金融保险业

博彩业的发展需要银行业融通资金，从而增加博彩业的资金来源，并进一步扩大博彩业发展空间；反之随着博彩业的对外开放，金融业也需要依靠博彩业促进自身的资金运转，新的博彩运营方为了吸引更多潜在客户来澳消费，也必然需要通过金融业的融资作用提供新的介入方式。

第一，充分利用无外汇进出管制、与世界各金融中心有直接联系、外汇储备充足等有利条件，大力发展离岸银行业务，提高吸纳和吞吐海外资金的能力。借助香港已经形成的国际金融中心地位，吸引香港将离岸金融业务转移至澳门，构建区域性的金融中心，使澳门成为香港国际金融中心的补充和有机组成部分。

第二，大力开展对珠三角的融资租赁业务，利用珠三角迅速发展的机会提升澳门金融业务的竞争力；利用特别行政区等政治、体制优势，发展内地有潜力、有市场而又不便发展的金融项目，如期货贸易等，使澳门成为东亚、东南亚和祖国内地农副产品的期货交易中心。

第三，加强口岸合作，发展离岸金融业。改善通关条件和通关制度，实行通关便利化，加强澳门与珠三角地区的合作，使得澳门有条件成为珠西地区货物中转集散地。配合金融业把澳门发展成为世界离岸金融中心。博彩公司可邀请世界著名的离岸金融企业在赌场开设分店，吸引世界上，尤其亚太地区的富豪享受澳门博彩业的服务。

3. 新兴产业多元化

依托澳门中西文化结合与交融、博彩业发展以及博彩文化的传播、粤港澳区域经济一体化发展，澳门在博彩业基础上发展新兴产业多元化具备自身独特的优势。参照拉斯维加斯产业多元化的成功经验，澳门可从以下产业着手，走新兴产业多元化道路。

（1）会议展览业

拉斯维加斯从赌城发展成了著名的展览地，“刀展”更成为其著名的特色展览。澳门也可以参照此模式举办“博彩文化展”“特色美食展”“中葡文化展”等，打造与欧洲、葡语国家企业之间的投资贸易和经济技术合作的平台，发挥两岸商贸枢纽的作用，全力搭建两岸相关行业会展平台，以会展业的发展为契机，使澳门真正成为区域性的商贸服务平台。

（2）文化创意产业

中西文化交融是澳门居民独特的文化背景，在澳门与粤港合作的同时，又会迸发出新的思想火花，因此，基于澳门与内地的文化背景差异，发展文化创意产业，利用横琴的土地资源，专门建设文化创意园区等，是澳门实现新兴产业多元化的切实可行的路径之一。

（3）康体旅游业

在澳门与横琴区域合作中发展中，医药产业是近年来热议的话题。若将澳门产业多元化发展定义为将澳门发展为休闲娱乐旅游地，康体旅游是不可或缺的一个方面。基于澳门旅客休闲度假的需求，依托粤港地区中医药、康体保健等行业雄厚的实力，利用横琴的土地资源发展康体旅游产业，也是澳门在与横琴合作中实现新兴产业多元化的可行路径。

（二）合作多元化现状与途径

长久以来，澳门与内地的经贸合作关系一直在深化，区域合作成为推动澳门经济长足发展的一个重要因素。自回归来，澳门与内地合作产业领域、范围逐渐扩大，合作结构逐渐优化，但总体而言，两地区域合作的水平和层次仍然严重滞后于两地经济日趋融合的发展态势，双方的经济合作缺乏政府间适当的衔接与协调，合作起点低、领域窄、规模小、层次不够深入，区域合作发展迟缓，未达到预期成效。因此，本文将重点研究澳门如何通过现有的区域合作平台来强化自身的经济功能及巩固自身经济基础，进一步挖掘澳门经济潜力。

1. 规划与内地区域合作新重点，融入国家区域发展新战略

从国家定位来看，粤港澳地区在中国构建对外开放新格局当中将扮演其他地区无可取代的角色。港澳与广东都面临着同样的产业升级转型和经济发展挑战，也面临着同样的发展机遇，仅靠港澳或者广东任何一方都难以全面把握发展机遇，应对挑战，因此粤港澳三地必须通过一体化抱团发展。

2. 优化经济发展空间格局，拓展适度多元化经济空间

澳门应积极融入“一带一路”建设，尤其是作为“21 世纪海上丝绸之路”的重要节点，要找准定位、充分发挥自身优势，对“一带一路”旅游合作发挥重要的作用。发展思路上，澳门作为海上丝绸之路最后一段，要深入挖掘自身深厚的历史和文化价值及丰富的旅游资源。同时，发挥归侨、侨眷的独特资源优势。澳门拥有来自60多个国家的归侨、侨眷，给予他们更多的优惠政策，有助于澳门在“海上丝绸之路”建设中更好地发挥作用。

3. 发展粤澳海洋经济，扩展澳门经济未来发展空间

澳门习惯水域管理范围的划定便于发展海上航运，发展水上休闲项目，打造世界旅游休闲中心等。在习惯水域管理范围划定的发展思路上，当务之急是要尽快完善法律法规、人力资源和设施设备配置，借机谋划未来海洋经济发展。

4. 加强跨境合作，升级中葡国家商贸合作服务平台

目前所有葡语国家的经贸办事机构均在澳门设立了办事机构，可以利用澳门与葡语国家已经发展成熟的信息对接优势、人员交往优势，与中国内地以及其他有市场发展潜力区域开展贸易往来。重点开拓与其他葡语系六国的合作交流，配合横琴推动葡语国家跨境电子商务平台建设，成立“葡语系国家人民币清算中心”等，推动中国与葡语国家的合作向更大范围和更高层次迈进。

5. 实现区域贸易自由化，为适度多元化破除准入壁垒和政策障碍

广东自贸区的设立有利于澳门参与内地区域合作，破除准入壁垒和政策障碍。在自贸区的完善过程中，必须要学习和借鉴港澳比较成熟的市场经济组织法规、营运法规、管理法规，尽快建立和完善相关政策体系，破除制约服务贸易发展的体制机制障碍。这无疑有利于推动澳门良好的营商环境、健全的法制和与国际高度接轨的政策法律体系逐步向内地延伸，将有利于克服服务贸易自由化过程中的障碍，推动服务贸易自由化的正式落地。

澳门应紧抓这一发展机遇和政策红利。澳门作为中国的特别行政区仍然在 WTO 中享有单独关税区的地位，特殊地位和优势的发挥，有利于广东自由贸易试验区的建设和发展。应借助粤港澳大湾区建设、横琴岛开发建设、澳门 - 珠海通关便利等一系列利好，打造促进澳门经济多元发展的新载体，力争获得早期收获。

四　2014 年以来澳门经济发展新形势及发展新思路

2012 年以来，澳门周边地区取消禁赌令及有针对性地大力增设博彩设施，明显分流了澳门的客源，加剧了竞争。尤其是 2014 年，内地反腐力度加强、银联卡赌场消费受限、澳门口岸过境时间缩短等因素更导致澳门博彩业最大的利润来源贵宾厅业务遭遇瓶颈。对这些区别于以往澳门经济蓬勃发展的新特征，必须给予足够的重视，以便澳门特区政府及时应对。

（一）2014 年以来澳门博彩产业新特征

1. 博彩收入大幅度下跌

澳门是中国唯一可以合法赌博的地方。自 2002 年“赌权开放”后，澳门成为豪赌者的天堂。但 2014 年 6 月以来，中国启动以公安部为首的联合行动，严厉打击通过澳门赌场流动非法资金活动，澳门博彩收入大跌。2015 年 2 月，博彩收入为 196.17 亿澳门元，同比降幅为 48.5%。这是澳门博彩业 2005 年有每月记录以来的最大跌幅。截至 2015 年 10 月，已实现 2014 年以来的“十七连跌”（见图 15）。

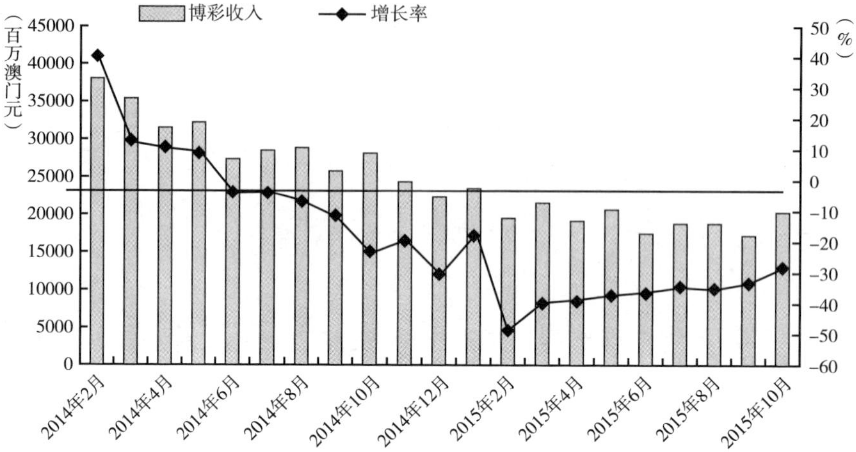

图 15　澳门 2014 年至 2015 年 10 月每月博彩收入及增长率（按月计算）

2. 非博彩旅客数量逐渐提升

（1）来澳旅游目的人数增加

2014 年，博彩收入开始大幅下降，但旅客数目波动幅度却不大。尤其是 2014 年 10 月，内地赴澳门游客和赌客人数出现分化，黄金周期间，内地赴澳门游客人数同比增长 17%，创下新纪录，但赌场收入增速却远远落后，说明有些游客去澳门只是为了度假，来澳旅游目的人数开始大幅增加。

（2）大众市场退出高端赌场

2014 年，有些赌桌上的最低赌注发生翻倍现象，增加到超过 250 美元以后，大众市场规模庞大的低端部分可能会因为价格过高而被迫退出赌场。

（3）年轻旅客偏好非博彩业务

据《环球日报》调研报道，2014 年底，旅客中开始出现一个代际断层线：年纪较大的铁杆赌徒倾向于玩百家乐，而且玩得很

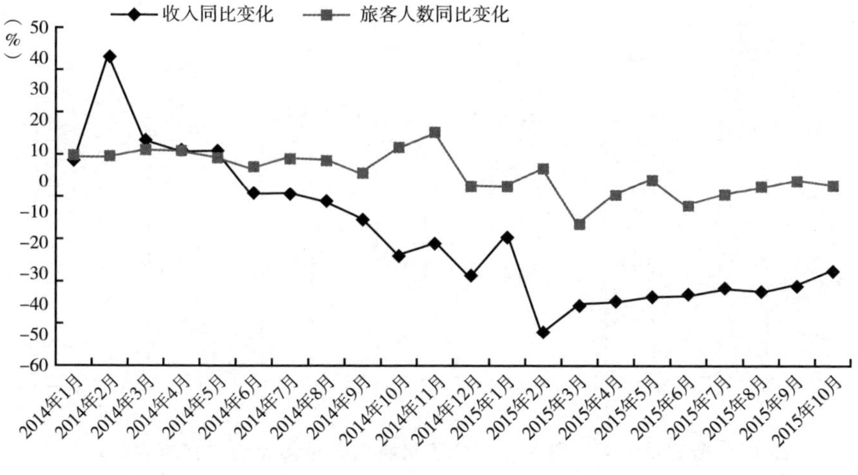

图 16　澳门 2014 年至今旅客人数及收入同比变化（按月计算）

多；而在较为年轻的游客眼中，赌博仅仅是他们澳门经历的一部分。

3. 收入结构开始转向中场厅

2014 年第一季度起，澳门博彩的收入结构开始进入调整阶段。整体收入虽然仍以贵宾厅为主，但是所占比例逐渐下降。但大众用户消费的中场厅、角子机等收入额度反而有所增加，所占比例也逐年上升。这就证明，澳门的博彩业必须要开始重视大众旅客的需求，逐渐向中场厅及角子机转型。

（二）澳门经济新形势下发展的新思路——内部多元化

由于博彩特征发生变化，澳门的多元化思路也必须相应的发生变化。其中，针对目前博彩业收入下降的现状，首先最需要突出解决的为内部多元化中的收入结构多元化问题，调整贵宾百家乐与百家乐、角子机等赌博设施的布置；其次，针对旅客博彩意愿的降

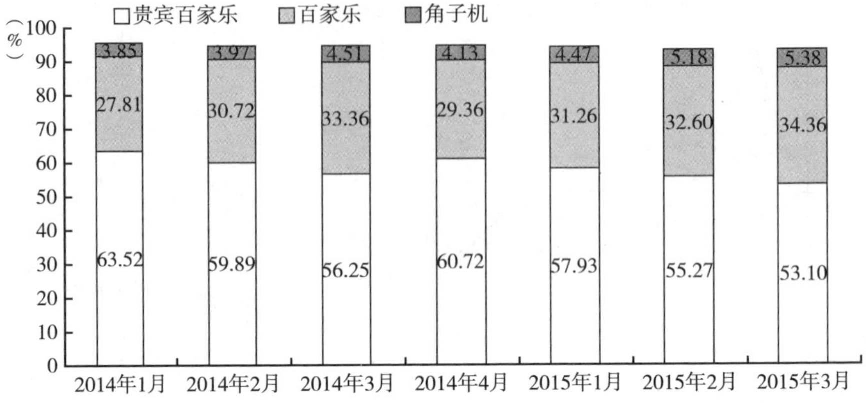

图 17 贵宾百家乐、百家乐、角子机收入占总体比例（按季度计算）

资料来源：澳门特别行政区政府博彩监察协调局。

低，必须适时推出经营模式及博彩旅游的多元化策略，最终带动澳门的产业多元化发展；最后，为了解决澳门本土承载力问题，必须适时同横琴紧密合作，推动澳门的产业转移。因此，三类多元化政策可分为三个阶段来逐步实现，如图 18 所示。发展思路如图 19 所示。

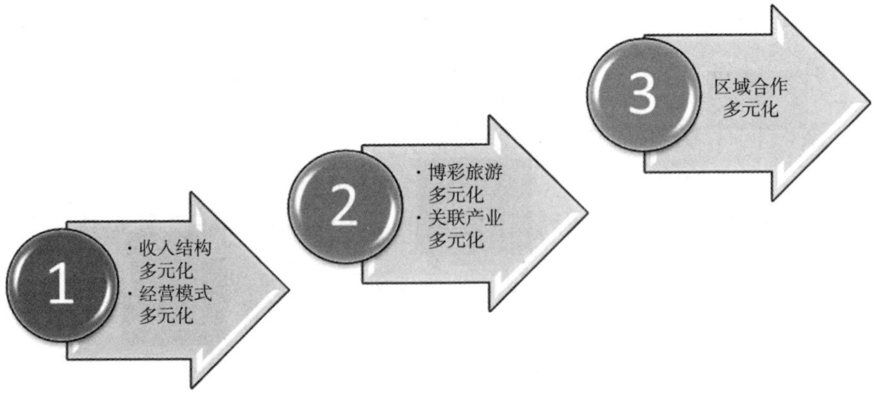

图 18 澳门多元化发展阶段

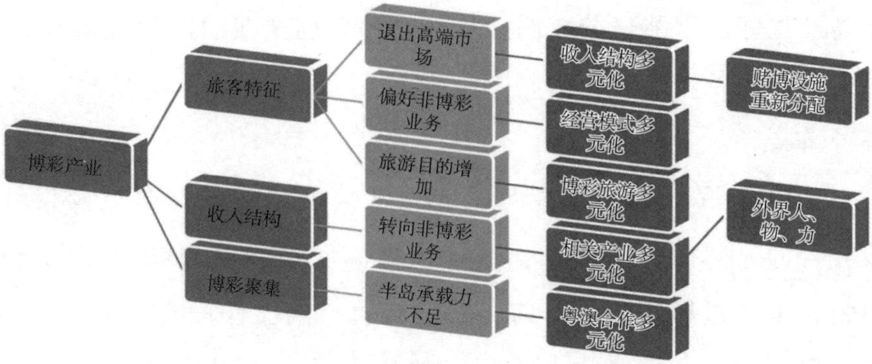

图 19　澳门多元化发展思路

（三）澳门发展拟解决的关键问题

在博彩产业内部多元化、相关产业多元化及合作多元化的过程中，最重要的难题就是澳门半岛的承载力已然不足，对经济自身发展及居民的生活都带来很大的影响。随着来澳旅客逐渐增多，未来澳门博彩产业的主要栖息地将移至路氹，其他产业也必将与横琴展开紧密合作。因此越来越多的人、物、力将转移至路氹，甚至横琴会显得尤为重要，这会减轻澳门半岛本地的承载压力。本研究拟从交通的角度根据以正在建设的项目及规划的方案，提出新的可行方案，实现上述目标。

1. 短期设计——轻轨转移旅客

2007 年起，澳门因预计游客每年将突破 2000 万人次，开始兴建轨道运输系统以缓解交通拥挤问题及改善环境。整个系统覆盖澳门半岛及氹仔岛部分住宅、商业及旅游区，以及主要出入境口岸。澳门半岛端从关闸出发，大致上以顺时针方向绕东部海边行驶，至澳氹大桥前转入葡京以及南湾市中心。使用西湾大桥下层连接澳门半岛及氹仔，于氹仔分成两条支线，一条前往澳门国际机场及北安码头，另一条转入莲花大桥口岸及澳门蛋。总长约20公里，共设26个车站。

2014年底，又"签订澳门轻轨延伸横琴线深化研究及设计"服务合同。然而，由于工程造价预算高及澳门自身缺乏多元化的动力，工程进展缓慢。目前，澳门轻轨一期氹仔段有望2019年通车。但在澳门经历赌收大幅下降的压力后，澳门轻轨进展速度将大幅加快，使得旅客从澳门半岛转移到氹仔的途径增加，加快相关的多元化进程。

2. 中期设计——填海增加承载力

澳门轻轨建成后，旅客转移速度加快，但随着旅客数目的增多，即使轻轨建成，还是难以缓解澳门半岛本地居民的生活压力。2006年1月11日，"澳氹新城区规划"初步方案出炉，在澳门半岛南面及东北面，以及氹仔北面共5个区域，开发新城区。计划涉及土地面积730公顷，当中398公顷需要填海，预计可容纳11万~12万人口，供澳门未来二十年的发展。

3. 长期设计——拱北、人工岛、路氹、横琴、机场无缝连接的环形结构

经过中期设计，已然实现拱北入关人群直接通往路氹。但拱北关口入关人数有限，未来港珠澳大桥通车后，预计内地及香港入关人数又将再次增多，因此，必须将入关人数引流至横琴莲花大桥关口。

但目前，广珠高铁及港珠澳大桥连接点都为拱北关口，横琴关口虽然已经先通关，但通关人数却不理想。因此，将内地游客及外国居民引致横琴通关，并在横琴无缝连接，实现拱北、人工岛、路氹、横琴、机场无缝连接的环形交通结构，将能完全解决承载力问题。

具体步骤如下。

首先，广珠轻轨延长线正在起步建设，起点设于拱北口岸，即目前的广珠城际终点站，终点为三灶的珠海机场。其中，拱北至横琴全程将建成珠海站、湾仔北站、湾仔站、十字门站、金融岛站、横琴站以及长隆站共 7 个站点（见图 20）。

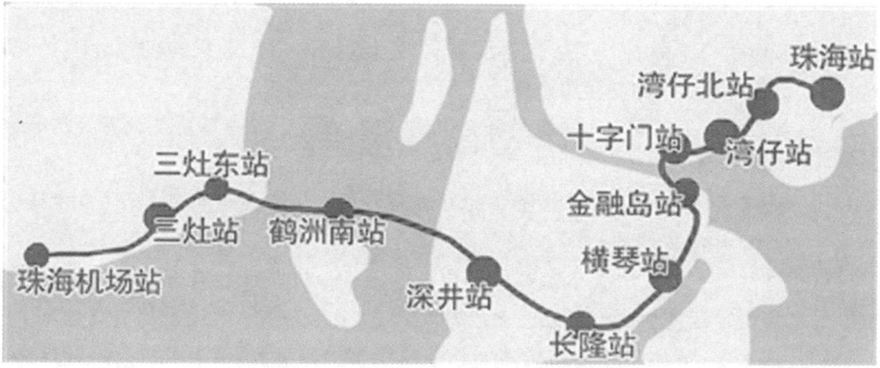

图 20　广珠轻轨延长线交通示意

其次，实现横琴、澳门轻轨无缝连接。澳门正在建设的轻轨系统，一期工程在莲花口岸站预留了与广珠城轨延长线的连接线。横琴站将修建过海隧道，通过这条连接线，广珠城轨将在横琴站与澳门轻轨氹仔线实现无缝连接。

参考文献

[1] 陈恩、黄桂良：《澳门产业结构与产业适度多元化路径探讨》，《产经评论》

2012年第1期。
[2] 陈国平：《如何实现澳门的长期繁荣》，《国际经济评论》2012年第6期。
[3] 陈守信：《澳门经济多元化的理据与选择》，《港澳经济年鉴》，港澳经济年鉴社，2002。
[4] 陈章喜：《澳门博彩旅游业客源“内地化”趋势的研究》，《产经评论》2010年第4期。
[5] 封小云：《澳门经济适度多元化的路径思考》，《广东社会科学》2008年第6期。
[6] 冯邦彦：《澳门经济适度多元化的路向与政策研究》，《广东社会科学》2010年第4期。
[7] 冯邦彦、覃剑：《国际金融中心圈层发展模式研究》，《南方金融》2011年第4期。
[8] 冯邦彦、谭裕华：《从产业集群的视角论证澳门产业机构的适度多元化》，《亚太经济》2009年第1期。
[9] 冯文荣、王守安：《珠澳经济合作模式的选择》，《商情》（教育经济研究）2008年第1期。
[10] 龚唯平：《澳门博彩旅游业的升级与发展：三维制度创新》，《学术研究》2007年第1期。
[11] 顾晓莉：《从沙漠小镇到世界旅游胜地——拉斯维加斯百年发展之探究》，华中师范大学硕士学位论文，2006。
[12] 郭永中：《澳门产业结构多元化战略调整的困境》，《学术研究》2011年第11期。
[13] 郭永中：《澳门中小企业的发展与挑战》，《广东行政学院学报》2013年第4期。
[14] 国务院研究室课题组：《粤港澳更紧密合作一体化发展的空间布局和政策选择——建立粤港澳更紧密合作框架研究报告之三》，《珠海市行政学院学报》2011年第1期。
[15] 黄桂良：《横琴开发背景下深化粤澳合作的战略思考》，《广东经济》2011年第10期。
[16] 蒋昭侠：《产业结构问题研究》，中国经济出版社，2005。
[17] 李炳康：《澳门：中国内地与葡语国家的经贸合作平台》，《国际经济合作》2003年第11期。
[18] 李红：《澳门产业横向多元化的探索——以珠澳跨境工业园区为例》，《粤港澳经济》2009年第7期。
[19] 廖春：《竞争优势取代比较优势　澳门经济发展的必然选择》，《国际经贸探索》1999年第6期。
[20] 林双凤：《澳门博彩业发展的社会问题分析》，《广东社会科学》2012年第2

期。
[21] 刘佳宁：《以澳门为平台开展与葡语国家的金融合作研究》，《新金融》2013年第8期。
[22] 蔺剑：《澳门博彩旅游的SWOT分析》，《现代商贸工业》2009年第11期。
[23] 阮建中：《澳门博彩业产业竞争力研究》，暨南大学硕士学位论文，2009。
[24] 马向明：《澳门的多元化发展与区域合作》，《城市规划》2014年第6期。
[25] 毛艳华：《澳门经济适度多元化：内涵、路径与政策》，《中山大学学报》（社会科学版）2009年第5期.
[26] 谭宏业：《论澳门经济适度多元化》，《特区经济》2007年第8期。
[27] 任杰、王雨飞：《粤澳经济合作：基于一体化视角的实证分析》，《北京理工大学学报》（社会科学版）2013年第2期。
[28] 汪涛、范温强：《广东自贸区：粤港澳合作新平台》，《远洋航务》2015年第2期。
[29] 谢四德：《文献综述视角下澳门产业结构优化问题研究》，《当代港澳研究》2012年第2辑。
[30] 王圣军、田军华：《粤港澳区域合作创新机制研究》，《经济与管理》2012年第8期。
[31] 王卓怡：《中国区域发展三大战略：两会信号及最新进展》，http://www.chinareform.net/show.php?id=21757，人民论坛网，2015年3月12日。
[32] 魏莉：《澳门经济发展走势及其面临的挑战》，《澳门经济年鉴》，澳门经济年鉴社，2005。
[33] 温宪元：《走向海洋强国的粤澳发展战略》，《新经济》2014年第1期。
[34] 杨英：《澳门经济“适度多元化”与大珠三角经济一体化研究》，《亚太经济》2012年第2期。
[35] 杨英、秦浩明：《粤港澳深度融合制度创新的典型区域研究》，《科技进步与对策》2014年第1期。
[36] 杨正浒、汪占熬：《要素禀赋、市场结构视角下澳门经济发展研究——澳门经济发展回顾、分析和展望》，《商业时代》（商业经济研究）2011年第3期。
[37] 于欣：《论美资博彩企业对澳门政治生态的影响及法治应对之策》，《深圳大学学报》（人文社会科学版）2015年第3期。
[38] 袁持平：《澳门产业结构适度多元化研究》，中国社会科学出版社，2011。
[39] 袁持平、梁雯：《以澳门与横琴合作促进澳门经济可持续发展》，《华南师范大学学报》（社会科学版）2013年第4期。
[40] 袁持平、赵玉清、郭卉：《澳门产业适度多元化的宏观经济学分析》，《华南师范大学学报》（社会科学版）2009年第6期。
[41] 郑华锋：《微型经济体的产业比较及其对澳门发展启示》，《亚太经济》2010

年第3期。
[42] 郑炎潮、卢晓媚：《共建澳门—横琴一体化的世界旅游休闲中心——营造以博彩业为核心的世界旅游休闲产业链和聚集区》，《南方经济》2011年第11期。
[43] 左连村、廖喆：《加强粤澳合作创新，推动澳门制造业发展》，《粤港澳经济》2008年第6期。
[44] 曾忠禄、张冬梅：《产业多元化：微型经济体国际比较》，《经济地理》2012年第9期。
[45] "一带一路"调研报道组：《对接"一带一路"横琴与澳门合力打造葡语国家贸易平台》，http://finance.ifeng.com/a/20150430/13674694_0.shtml，《上海证券报》2015年4月30日。
[46] 澳门特别行政区政府博彩监察协调局官方网站。
[47] 澳门特别行政区运输基建办公室，http://www.git.gov.mo。
[48] 珠海新闻网，http://www.zhnews.net/old/jryw/index/content/45739。
[49]《澳门统计年鉴》1999～2015。

Study of the New Features of Macau's Economic Growth and the Paths to Diversification

Liu Yang, Yuan Chiping

Abstract: Since opening up its locally-controlled casino industry to foreign competition in 2001, GDP Annual Average Growth Rate in Macau averaged around 15 percent; In 2006, Macao has surpassed Las Vegas, becoming the world's First Casino city. In 2007, Macao's GDP Per Capita beyond Hong KONG for the first time; In 2010, Macao GDP Annual Growth Rate is 17.4%, ranking the first in Asia. However, only the Gambling-related tourism industry is the support of Macao's rapid economic. The large role of gaming and tourism underscores a degree of risk for Macau's economy. Because the economy is so reliant on tourism and gambling for its well-being, if the flow of tourists slows, it could come as a shock to the small market. Therefore, this text summarizes the characteristics and striking problems of the Macau economic firstly. Furthermore , we propose some measures to promote Macao's economic diversification and gain better opportunities in the Belt and Road Initiative and the national 13th Five-Year Plan (2016 -20) through deeper interaction with the mainland.

Keywords: Gaming Industry; Internal Diversification; Industrial Diversification; Cooperative Diversification

CEPA对中国内地吸引香港FDI的影响分析*

张 珺　王肖肖**

摘　要： 本文以1998～2013年香港对各国直接投资为样本，基于传统倍差法和引力模型，通过参照组和样本组的对比来考察CEPA的实施对内地吸引香港FDI的影响，并通过稳健性检验予以验证。结果表明，CEPA的实施对内地吸引香港FDI产生了明显的正效应，这表明CEPA及其后续补充协议在促进香港和中国内地经济合作中发挥了积极作用，两地的经济一体化进程可在此基础上进一步加快。

关键词： CEPA　香港FDI　倍差法　引力模型

* 项目基金与编号：国家社会科学基金重大项目"'一带一路'战略与中国参与全球经济治理问题研究"（项目编号：15ZDA018），广东省哲学社会科学"十二五"规划项目"珠三角城市群分工与协调发展模式研究"（项目编号：GD13CYJ09），广东省"理论粤军"重点项目"政府负面清单管理的理论与实践问题研究"（项目编号：WT1413），并得到广东产业转型升级协同创新中心资助。

** 张珺，暨南大学经济学院副教授，暨南大学中国（广东）自由贸易试验区研究院研究员，主要从事国际经济与贸易研究；王肖肖，暨南大学经济学院研究生，主要从事国际贸易研究。

引　言

随着经济全球化不断推进，FDI（Foreign Direct Investment）成为推动世界经济发展的重要一环，世界各国，尤其是发展中国家，都特别重视吸引 FDI 流入，并为此推出多种优惠政策和鼓励手段，这些政策和手段不仅涵盖税收和费用的减免，还包括土地政策、劳动力教育等全方位的辅助政策，高效利用 FDI 将促进经济发展成为大多数国家的共识。诸如美国、德国等资本输出大国同时也在积极争取资本流入，并成为 FDI 的主要投资地，这表明 FDI 不仅对于发展中国家的经济发展具有不可或缺的推动作用，而且对发达国家的经济发展同样也有着重要意义。

2014 年之前中国吸引 FDI 总量长期位居发展中国家首位，仅次于美国。2014 年中国超越美国，成为全球外资投资最大东道国，吸收外资达到 1280 亿美元，约占当年全球对外投资总额的 10.2%（数据来自商务部外资司统计快报），这是中国良好投资环境的具体体现。

我国内地吸引外资的来源十分广泛，FDI 东道国包括世界各主要发达国家和部分发展中国家，从历年数据来看，港资也是内地吸引外资的重要部分。港资占内地每年吸引外商直接投资总额的比例长期超过 50%，即使在 2008 年亚洲金融危机期间，这一比例仍然超过 40%（见图 1），显示了港资对内地投资的长期性和稳定性。在中国内地吸引外资比较活跃的省份如北京、上海、广东、江苏、浙江，来自香港的 FDI 总额长期位居首位，港资成为 FDI 中最重要，也最具代表性的资金来源。因此，研究港资对内地投资的变化与发展趋势对于我国进一步提升吸引外资的水平具有重要的现实意义。

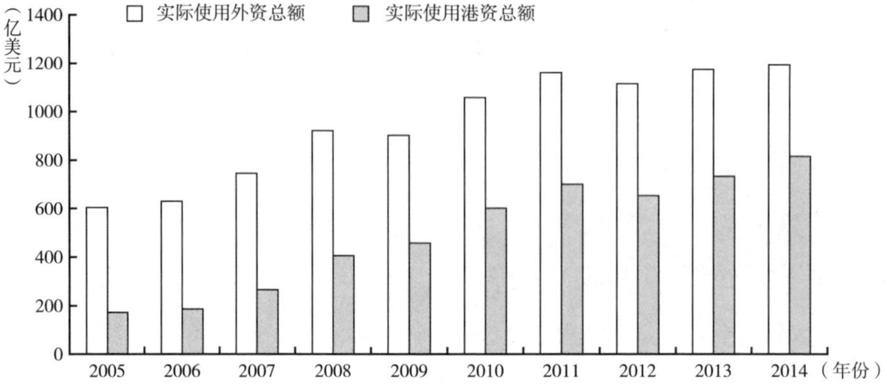

图 1　2005 ~ 2014 年内地实际使用外资和港资总额

资料来源:《中国统计摘要》各年，未含银行、证券、保险领域数据。

2003 年 6 月 29 日，《内地与香港关于建立更紧密经贸关系的安排》签订，2004 年正式生效。这是香港签署的首个区域经济一体化协议，标志着内地与香港的经济合作走向深化，双边开放程度不断提高。其后为进一步完善 CEPA 实施细则，扩大协议影响范围，双方又在 2004 ~ 2013 年接连签署了十个补充协议，并在 2014 年签署了《关于内地在广东香港基本实现服务贸易自由化的协议》，2015 年又进一步签署了《服务贸易协议》。CEPA 这种递进式的发展模式，既能照顾现实条件，又能不断补充新的内容，为世界各地的区域经济一体化进程提供了新思路。

CEPA 及其补充协议内容广泛，主要包含三方面，即货物贸易关税减免、服务贸易准入扩大以及贸易投资便利化。目前对于内地和香港在货物贸易以及服务贸易两个层面的开放和合作关注较多，相关的研究成果也比较丰富，但在投资开放和便利性方面，由于数据缺乏和研究方法困难，关注较少。

同时，现有研究中对 CEPA 的研究大多是定性研究，近年来出现的定量分析仍较多涉及 CEPA 对货物贸易的影响方面，较少关注服务贸易和投资领域。而服务贸易开放又主要通过投资的形式来展开，因此对于两者的分析可以有机地结合在一起。通过定量方法评价 CEPA 对香港投资内地的影响，可对政策因素在次区域经济合作中的作用进行实证研究，量化分析合作中制度变迁对区域经济一体化的投资效应，也有助于拓展现有的区域经济一体化的投资理论。此外服务业进一步开放是目前我国进一步深化改革和开放的主要领域和难点之一，金融业等专业服务业是香港一直以来的优势所在，在 CEPA 及其补充协议的推动下港资进入内地服务行业的门槛放低，可引导香港优势服务行业进入内地服务行业并推动其产业升级。

一　区域经济一体化协议对 FDI 的影响综述

区域经济一体化最主要的目的是通过成员国之间的贸易、投资或是人口移动等手段，对成员国家间的资源进行重新配置，从而提高该一体化组织成员的总体福利。对于区域经济一体化的研究从 20 世纪五六十年代开始，该概念被提出之后便得到广泛引用（Balassa Bela，1962），围绕区域经济一体化的类型、基本理论和影响，国内外学者进行了深入的研究，其中区域经济一体化对贸易和投资的影响成为国内外研究的热点。

Kindleberger（1966）借鉴贸易创造和贸易转移学说，提出投资创造和投资转移观念，使得围绕区域经济一体化投资创造和投资转移的理论研究和实证研究开始丰富起来。在理论研究方面，主要是探讨区域经济一体化中投资创造和投资转移的形成。Baldwin，

R. E. , Forslid, R. & Haaland, J. （1995）首先建立政治经济学模型来分析双边投资协议的决定因素，及其对成员国和非成员国成本收益的影响。Shabtai Donnenfeld（2003），Barthel, F. E. Neumayer（2012）也进行了类似的研究。Eric Neumayer 等进一步深入研究解开双边协议这个“黑匣子”，探讨协议中包含与 FDI 相关的条款是否会影响 FDI 流向及其对发展中国家参与协议的影响，提出包含严格投资条款的双边投资协议比那些不包含严格投资条款的双边投资协议更能刺激 FDI 流入，从而引发签订双边投资协议的国家引入严格的投资争议解决条款（ISDS）和事先设立国民待遇条款（Berger, A. , M. Busse, P. Nunnenkamp and M. Roy，2013；Eric Neumayer，Peter Nunnenkamp，Martin Roy，2014）。

关于区域经济一体化投资效应的实证研究发展与世界各国区域经济一体化的进程结合在一起。20 世纪 60 年代，关于欧洲经济一体化对跨国公司 FDI 影响的研究开始出现，Kindleberger（1966）认为成员国企业出于规模效应、贸易成本等原因，会在其他成员国开展直接投资，扩大生产规模。20 世纪 80 年代，研究转向北美自由贸易区的建立对资本流动的影响（Blomstrom, M. et al. , 1998）。北美自由贸易协议（以下简称 NAFTA）是典型的发达国家和发展中国家之间签订的区域经济一体化协议，同时该协议中也包含了促进投资、扩大金融及服务业准入范围以及保护知识产权等内容，重点强调了投资的国民待遇和最惠国待遇。NAFTA 生效前，虽然墨西哥与美国和加拿大有天然的地理优势，但美、加对墨西哥投资总额仅占墨西哥吸引外资的 38%。协议生效仅仅七年后，2001 年美、加对墨西哥投资总额占墨西哥吸引外资总额的比重就超过了 80%，增长惊人。我国学者通过对 NAFTA 三国贸易和投资的分析，指出墨西哥在 NAFTA 中获得了较大的收益，认为中国应借鉴墨西哥经验，利用多种模式加强与周边国家的经济一体化（兰天，2011）。随着亚洲区域经济一体化的发展，研究热点转移到亚洲国家，比如对东盟自由贸易区投资效果的分析（Bende-Nabende，A.，Ford，J. L. and Slater，J. R，1999）。郭宏（2009）认为东盟经济一体化中的投资便利化与信息透明化政策、敏感清单（类似于负面清单）等政策使得东盟内部投资流动性加大，除金融危机爆发的 1997 年与 2008 年，其余年份对外资的吸引均呈现增长势头。此外研究还涉及中日韩自由贸易协定对韩国吸引 FDI 的影响（Han，Yeo，Yoon，and Yoo，2004）。

已有研究表明，自 20 世纪 80 年代以来区域经济一体化在实践与理论上都取得了巨大成就，有力地推动了世界经济自由化进程。近年来得益于发展中国家和发达国家的一致推动，区域经济一体化实践仍然保持迅猛发展，诸如中国的自贸区建设和美国主导的 TPP 谈判都取得了明显的阶段性成果。理论方面除贸易创造和贸易转移效应得到深入研究外，研究还发现区域经济一体化同时推动了成员国内的投资，显现了明显的投资创造和投资转移效应，在 WTO 大幅降低关税及其他贸易壁垒之后，这一动态的投资效应目前已成为推动区域经济一体化的主要动力之一。然而区域经济一体化协议能否对吸引投资产生正效应，特别是能否促进 FDI 流入尚未得到充分的实证检验。

CEPA 作为内地与港澳签署的类似自由贸易区的协议，使得在 WTO 框架下内地进一步对港澳开放。CEPA 签署后国内学者对 CEPA 下内地对港澳的贸易及投资开放了广泛的研究，研究主要集中在贸易领域，其后进一步延伸到投资领域（孙薇，2004）；特别是对港资在内地重点的投资区域比如广东和北京，有专门的研究（袁持平、吴肯浩，2006；陈恩，2012），并对中国内地吸引香港投资的因素进行了分析（吴献金、王莹莹，2008）。目前围绕CEPA下香港对内地的投资研究多以理论论述为主，实证分析的研究成果鲜见于王静（2012）等人的成果中。尽管签订双边投资协议的根本目的是吸引来自协议国的直接投资，但事实显示双边协议对于刺激直接投资的效果是不确定的（Swenson，2005）。而研究成果又显示，CEPA在投资方面仅关注服务业市场准入和投资便利化，并未就投资待遇和投资保护问题做出规定，导致内地港资享受的制度性保障弱于其他外资（王楠，2013），因而CEPA是否有利于内地吸引来自香港的投资，协议的签订有助于哪些行业的投资增加尚不明确，本文将重点关注CEPA及其补充协议的签署对香港投资内地的影响，以期弥补目前研究中的不足。

二　CEPA对内地吸引香港FDI的实证研究

港资对内地的投资始于沿海，开始主要是珠三角的制造业，后逐步向内陆发展，遍布各主要省份。随着香港的经济转型于世纪之交基本完成，服务业逐步成为香港最大的支柱产业，产值几乎占据GDP的八成。相应的香港FDI投资领域也从制造业拓展到地产基建、港口运营、科技通信、贸易金融等优势行业。此时香港的投资除了考虑土地等刚性成本之外，市场也开始成为其更加重要的考虑因素，通过投资缩短与用户之间的距离，不仅可以降低运输的成本，也可以缩短企业对用户需求的反应时间，这也意味着企业可以大幅降低决策成本。尤其是服务业进入内地时，人力成本成为主要成本之一，在流动中人们更多是考虑投资地发展水平和经济状况，以此估算投资的预期收益率，决定投资的大小和范围。

由于服务业产值的占比增加，香港的投资目的地也开始突破广东，辐射至全国主要的一二线富裕城市，尤其北京、上海等地实际利用香港 FDI 总额开始显著上升。内地与香港面临再一次的经济整合，而涉及的深度和广度必将达到一个新的境界。CEPA 的诞生正是迎合了这种发展趋势，其投资便利化措施为香港 FDI 进入内地创造了更加优良的条件。

CEPA 关于投资便利化的内容众多，其中对内地吸引港资流入的三个最重要内容是放宽行业准入条件，尤其是以金融为代表的服务业；加强知识产权保护；专业人员资质互认。按照香港对行业的区分方法，香港投资服务业（主要包括金融、通信、地产及物业管理等）、制造业与其他行业的情况如图 2 所示。CEPA 生效之后，香港对内地的主要行业的投资总体都呈现增长态势，十年间，服务业投资存量增长为 2004 年的 3.6 倍，投资存量金额从 8643 亿港元增加到 31100 亿港元；制造业投资存量增长为 2004 年的 2.3 倍，投资存量金额从 2737 亿港元增长到 6248 亿港元。无论从总体上还是从行业数据上看，CEPA 生效后香港对内地的投资金额都在不断增长。这与之前学者的研究结果相一致。华晓红、杨立强（2008）指出 CEPA 签署生效后，香港对内地投资不仅金额有上升，而且行业分布也更加多样。但该问题由于数据统计口径不统一，部分数据缺失严重、统计连续性不强，并没有得到完善的实证研究证明。本文将采用香港特区政府统计处提供的国家投资数据和内地各省份统计年鉴披露的省域数据，结合模型设定，尝试补充这一研究领域的不足。

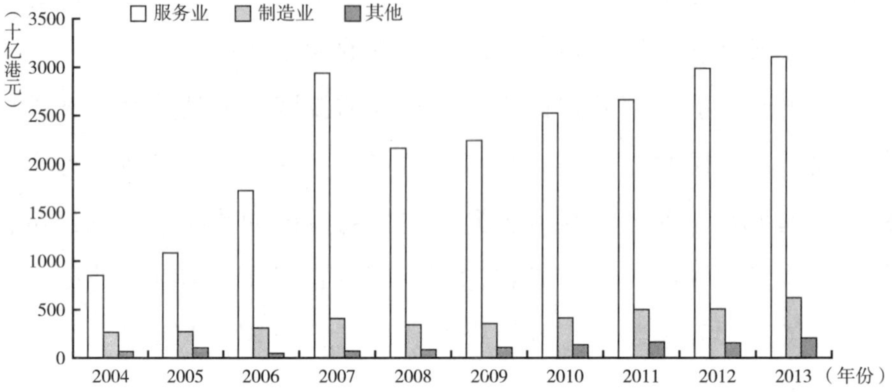

图 2　2004～2013 年香港分行业内地投资存量

资料来源：香港特区政府统计处历年《对外直接投资统计》。

（一）实证方法及数据介绍

本文主要采用倍差法进行分析。倍差法（DID）近年来被广泛用于各种政策影响研究之中，并不断得到创新和发展。倍差法最基本的原理是通过虚拟变量的设置（类似物理学中参考系的设置），以对照组模拟样本组没有实施新政策情况下的状态，通过将样本组与对照组进行政策实施前后的比较来反映新政策对样本组的影响。倍差法最简单的形式如下：

$$\ln FDI_{ijt} = \beta_0 + \beta_1 du + \beta_2 dt + \gamma du \times dt + \varepsilon_{ijt} \quad (1)$$

其中虚拟变量 $du=1$ 时表示为样本组变量，$du=0$ 时表示为对照组变量；$dt=1$ 表示政策实施以后，$dt=0$ 表示政策实施前。政策实施前后对样本组的影响为 E（$dt=1$，$du=1$）－E（$dt=0$，$du=1$）$=\beta_0+\beta_1+\beta_2+\gamma-(\beta_0+\beta_1)=\beta_2+\gamma$；政策实施前后对对照组的影响为 E（$dt=1$，$du=0$）－E（$dt=0$，$du=0$）$=\beta_0+\beta_2-$

$\beta_0=\beta_2$，两者之差，即乘积交叉项 $du\times dt$ 的系数 γ 就是用来衡量协议净影响的变量，也是本文最重要的观察项。

本文选取澳大利亚、英国、美国、百慕大、新加坡和加拿大作为对照组国家，原因在于这些国家一直是港资的主要投资目的地国家，并且拥有完善的数据统计信息。同时为提高模型拟合度和说服力，本文将引力模型引入倍差法之中。

引力模型出现于20世纪五六十年代，最早被用于国际贸易的分析中，主要变量为经济规模和距离，后来在20世纪90年代经过不断发展，加入各类新变量以提高说服力，被广泛用于贸易和投资的分析中。国内在20世纪90年代后开始广泛使用引力模型进行实证研究。潘向东、廖进中、赖明勇（2004）较早运用引力模型研究了制度对双边贸易的影响，指出工资政策对中国双边贸易影响最大，这也是引力模型研究的典型领域。赵雨霖、林光华（2008）使用引力模型分析了东盟十国与中国农产品贸易，指出双方发展潜力巨大。本文在使用引力模型时，使用了其经典回归方程，引力模型一般含有一个表示不同区域的虚拟变量，但这里由于倍差法的引入而将其省略。

综合倍差法和引力模型的要求，本文设定如下模型：

$$\begin{aligned}\ln FDI_{ijt} = {} & \beta_0 + \beta_1 du + \beta_2 dt + \gamma du \times dt + \theta_1 \ln PGDP_{it} + \theta_2 \ln PGDP_{jt} \\ & + \theta_3 \ln TP_{it} + \theta_4 \ln TP_{jt} + \theta_5 \ln DIS_{ij} + \varepsilon_{ijt}\end{aligned} \tag{2}$$

其中：i 表示 i 国或地区，j 表示 j 国或地区，t 为时间变量。FDI_{ijt} 表示 i 地区在 t 时期对 j 地区的直接投资额，这里采用市值法计算。根据国际标准，直接投资采用市值法计算比采用账面价值计算更能有效度量各经济体系间资源转移的经济价值，因此更具有说服力。du 为虚拟变量，$du=0$ 表示对照样本组变量，$du=1$ 表示样本组变量。dt 为虚拟变量，由于协议于2004年正式生效，选择

2004 年作为转折年份，$dt=0$ 表示政策实施前（2004 年之前），$dt=1$ 表示政策实施后（2004 年之后）。*PGDP* 表示真实 GDP 增长率，两国的投资额受到两国经济发展水平的影响，通常 GDP 是反映经济发展水平的代表性变量，由于国家大小相差较大，这里采用真实 GDP 增长率更具客观性。*TP* 表示总人口数，人口多的地区对商品需求旺盛，因而能够形成巨大的市场，对投资的需求相对较高，同时，服务业的投资依赖于人力资源，这对于香港来说是重要的限制条件。*DIS* 为距离变量，两国投资受到距离限制，距离增加可能会使投资成本出现上升，投资的难度也会加大，对于两国距离一般用两国首都间距离来衡量，对香港与国内各省份的距离使用香港到各省省会城市之间的距离来表示。ε 为残差项。

本文核心数据为香港 1998 ~ 2013 年对外直接投资统计数据，来源于香港特区政府统计处，是目前在保证连续性和一致性基础上能获得的较为全面的数据（香港自 1998 年开始依照国际货币基金组织出版的《国际收支平衡手册（第五版）》编写对外直接投资统计资料）；距离数据来自 Google Earth 的测量，单位为公里；GDP 增长率及人口数据来自 WTO 官方数据库；各省份投资数据来自中国各省份统计年鉴。

（二）实证结果及其讨论

本文使用目前较为主流的 hausman 检验判定模型设定形式。检验结果显示 p 值为 0. 9255，支持使用随机效应回归模型。同时，考虑到前文的分析和倍差法的基本理念，加上本文数据很可能存在着在时间或者截面上的显著变化，因此本文决定采用随机效应模型进行回归，这样既可以突出数据变化特征，还能够节约自由度，提升回归的可靠性。

省级数据的选取方面，由于中国省份众多，为避免个别吸引外资总量较少的省份在个别年份异常值的影响，本文根据 2014 年《中国城市外资吸引力研究报告》，选择中国外资吸引力排名前十的省份作为样本组。这些省份实际利用外资总量居全国前列，相对更加具有代表性和稳定性，名单及排名见表 1。

表 1　选取的省份名单

排名	省市	排名	省市
1	江苏省	7	山东省
2	辽宁省	8	河南省
3	广东省	9	四川省
4	上海市	10	重庆市
5	天津市	11	安徽省
6	浙江省	12	北京市

回归结果如表 2（1）所示。

表 2　回归结果

	(1)	(2)	(3)
β_0	-68.806*** (0.000)	-23.905 (0.444)	2.764*** (0.000)
β_1, du	-0.125 (0.671)	2.003*** (0.003)	1.987*** (0.000)
β_2, dt	-0.431*** (0.002)	-0.120 (0.629)	0.111 (0.431)
$\gamma, du \times dt$	0.621*** (0.000)	0.685* (0.074)	0.711* (0.056)
$\ln PGDP_{it}$	0.530 (0.573)	1.767* (0.080)	—
$\ln PGDP_{jt}$	-1.007 (0.491)	-0.527 (0.848)	—
$\ln TP_{it}$	11.432*** (0.000)	4.155 (0.385)	—

续表

	(1)	(2)	(3)
$\ln TP_{jt}$	-0.013 (0.751)	-0.024 (0.393)	—
$\ln DIS_{it}$	-0.295*** (0.006)	-0.018 (0.905)	—
$\ln INV$	—	0.040 (0.763)	—
R2	0.492	0.634	0.616

*、**、*** 分别代表在10%、5%和1%水平上显著。

从实证结果可以看出，乘积项 γ 为正值，并在1%水平上显著，这说明香港直接投资内地的趋势在CEPA生效之后发生改变，可以认为CEPA协议签署对香港投资内地起到了明显的促进作用，这也证明了前文分析的正确性。从现实情况考虑，虽然内地在传统产业方面由于受劳动力成本和环保成本上升、人民币升值等因素制约而逐渐丧失竞争力，近年来很多此类产业逐渐迁往东南亚等地区，但相应对通信业、金融业等高端服务业需求迅速增加，内地巨大的市场对香港投资者仍有强大的吸引力。人口变量在1%水平上显著，表明香港的投资能力受到了人口的重要影响，由于香港90%以上的生产总值来自服务业，而服务业对人力资源的需求是其发展主要的限制条件，这一结果也与现实情况较为一致，而且侧面证实了香港的投资更多转向与服务业相关的产业。距离变量在1%水平上显著，可能有两个原因：一是香港对内地的投资，由于接壤广东以及在文化、语言等传统优势的影响下，加上CEPA的政策支持，相对其他地区具有不同的竞争优势；二是来自香港的FDI对内地不同省份的投资可能会出现明显的区别，这可能是由于香港对内地的早期投资较多集中在珠三角地区，虽然 2000 年之后呈现出明显的北上和内进趋势，但珠三角周边地区的先发优势依然将在一定时期内延续。

综合来看，实证结果明显地支持了前文的判断。CEPA 的实施效果，尤其是对内地吸引香港 FDI 的影响是正面的。

（三）稳健性检验

为了检验模型的稳健性，本文使用国家级数据再一次进行面板回归分析。由于香港的国家间投资统计数据更加细致，这里引入投资存量这一解释变量：*INV*。由于投资可能是长期分批进行的，因此，先前投资的存量对于今后投资可能会有较大的影响。模型中其他各项含义均与上文相同，不再赘述。

结果如表 2（2）所示。γ 项仍然为正值，并在 5% 水平上显著，这更加有力地说明了 CEPA 对内地吸引香港 FDI 的正效应。香港真实 GDP 增长率在 5% 水平上显著说明 GDP 的增长在整体上提高了香港的对外投资能力，香港是一个开放的小经济体，对外投资的意识很强，因此投资与 GDP 有较紧密的关系。而在省级的统计数据回归中并未不显著则可能是由于内地各省份存在差异，其吸引的投资类型差异较大。对投资存量的影响不显著，则表明新增的投资并不是简单扩大原有生产规模的再投资，而是更多转向其他新的产业或者地区，这与现实情况也较为一致。

从香港投资内地排名前三的行业（资讯及通信业，投资及控股、地产、专业及商用服务，制造业）投资额合计占香港对内地投资总额比重可以看出（见图 2），香港对内地的投资集中度仍然较高，但是呈现出明显的下降趋势。考虑到香港还会进一步推动个人投资者进入内地，同时伴随 CEPA 开放范围的持续扩大，以及知识产权保护等条款的落实，香港对内地投资的领域将会更加广泛，这一分散化趋势今后还有加速的可能。香港对内地的投资范围向更多的产业延伸，将有利于其分散风险，保持收益水平，内地也会有更多行业因此受益。对原始模型（1）式进行回归分析，结果支持上述结论［见表 2（3）］。

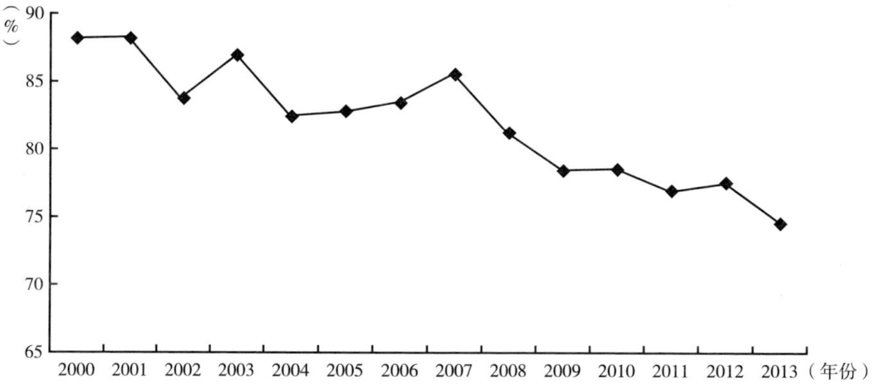

图 3　香港投资内地排名前三的行业投资额占比统计

资料来源：香港政府统计处《对外直接投资统计》。

三　结论及政策建议

内地经过长期快速发展，居民可支配收入得到极大提升，相应地对产品和服务的需求水平也不断提高，形成了巨大的新兴市场。中国融入世界经济的脚步从未停歇，国内随着上海以及天津、广东、福建自由贸易试验区的设立，通过负面清单制度放开投资限制，显著提高了对外开放程度，未来对外资的吸引力将持续上升。从国际范围来看，中国在建自贸区 20 个，涉及 32 个国家和地区。

其中，已签署自贸协定 13 个，涉及 20 个国家和地区，在经济一体化方面迅速推进。CEPA 及其补充协议是一个全面的经济一体化协议，也是香港签署的第一个区域一体化协议（张应武、徐丽苹，2014），更好地推进和利用 CEPA 协议带来的便利，扩大对内地的投资范围，对香港来说日益重要。

本文的研究显示，CEPA 及其补充协议的签署促进了香港投资内地，并扩大了香港投资内地的范围，特别是打开了香港服务业进入内地市场的大门。无论从总体上看还是从行业数据上看，CEPA 生效后香港对内地的投资金额都在不断增长。CEPA 关于投资便利化的内容众多，加上补充协议不断地拓展和细化，超越了大部分区域经济一体化协议的水平，其中对内地吸引香港 FDI 的流入影响最大的主要是以下三个方面。

一是放宽各行业准入条件，尤其是以金融为代表的服务业。比如 CEPA 允许香港相关机构在内地设立合资证券投资咨询机构与期货公司，但持股比例不能超过 49%；香港交易所可在北京设立办事处从事交易与结算的相关事项。在补充协议十中更是允许港资机构可以在上海和深圳设立一家全牌照合资证券公司，并可以进行控股经营，同时在国内金融改革试验区可以设立控股的证券资讯公司。2012 年成立的广证恒生研究所就是在 CEPA 基础上成立的证券投资研究资讯机构，目前该研究所运行良好，是广州市越秀集团旗下重要的上市资源。首家由港资控股的基金公司也已在前海落户，控股方为香港重要的零售银行、基金分销商——恒生银行，前海金控为中资出资方，这是首家在补充协议十基础上落地的基金公司，提供港式的基金募集和资产管理业务。

除金融业以外，在航空运输与物流管理、海运报关、会展服务、教育医疗等众多方面，CEPA 及其补充协议都放宽了港资的投资范围和持股比例，甚至大量允许香港独资企业的进入，这必将扩大资源的配置空间，提高资本的流动性，为香港投资内地提供便利化条件。

二是加强知识产权保护。服务业主要的成本体现在人力资源方面，具体就是以知识产权、专利为代表的成本投入。CEPA 从补充协议三开始就将知识产权保护作为协议重要内容独立出来，比如允许香港公司在内地工商行政机构批准的情况下开展商标代理业务，降低香港企业商标申请难度。补充协议八中又再一次提出在知识产权保护领域加强合作。

三是专业人员互认。CEPA 及其补充协议八对于在香港从业的会计师、律师等专业服务提供人员，允许其在符合相关考试规定下参加内地专业资格考试。补充协议五还规定为香港人员在深圳和东莞提供专门的会计从业资格考试考场，方便他们应试。通过考试的相关会计从业人员，可以将在港工作经验叠加计入内地审计工作经验中。补充协议八提出双方继续开展内地房地产估价师、造价工程师与香港产业测量师、工料测量师的资格互认工作。通过这些和其他更多相关努力，内地与香港在专业人员和标准上不断融合，为今后的经济整合提供了双方都可接受的标准，便于顺畅地沟通。

以上三点，尤其是第一点的落实在目前的区域经济一体化协议中难得一见，现阶段主要的区域经济一体化组织在货物贸易降低关税方面达成了较多协议，尤其在 WTO 框架指导下，世界关税总体水平有了明显的下降，货物贸易在世界范围内得益于运输技术进步和保护壁垒下降达到了空前的繁荣，“中国制造”也借此遍布全球。但是在服务贸易问题上，由于各国竞争力差距明显，发达国家与发展中国家存在的分歧较大，多哈回合谈判多年难以取得进展。在 CEPA 最新成果中，香港与广东的服务贸易基本实现自由化，下一步将推进在内地更广范围内的服务贸易自由化。

至于投资便利化，在大部分区域一体化组织协议中仅仅被作为谈判目标之一，少有具体措施和实施成果。CEPA 与其补充协议，从定性来看，实现了指导纲领的落地细化，将投资便利化作为重要的考虑部分，现实中也取得了明确的阶段性成果，出现典型投资案例。

对于内地而言，吸引高水平的外商直接投资流入，有利于维持经济中高速发展，实现产业升级和结构调整，尤其对于提升高端服务业的发展水平有重要推动作用。两地都可以从 CEPA 的实施中获得巨大利益，因此双方都对 CEPA 寄予了很高的期待，也为此付出了不懈努力。但 CEPA 是一个全面的经济一体化协议，可以借鉴的先例较少，发展时间也尚短，难免还存在着有待完善之处。比如 CEPA 及其补充协议的便利化措施和准入清单扩大虽然丰富了 FDI 的投资范围，特别是拓宽了香港服务业进入内地市场的大门，但在具体实施过程中相关协议却存在“玻璃门”“弹簧门”的情况。例如 CEPA 对香港投资者身份的认定有较为严格的限制，对于跨国企业在香港设立的分支机构，要求运营满三年才可申请享受优惠，此外还有其他的严格规定难以逾越。这就使得资本的流入总额受到了限制，尤其是香港作为一个显著的外向型经济体，对相关规定的执行成本较高，执行难度也比较大。

此外，现阶段 CEPA 主要关注的是降低市场准入门槛，在投资后期待遇和投资人权益保护方面的具体规定较为欠缺，与NAFTA相比，在争端解决机制和企业权利维护方面还有一定差距。随着CEPA开放领域的不断扩大和深化，加强贸易投资便利化将成为CEPA有效实施的关键环节和强调的重点。我们需要通过对内地对来自香港的投资的开放及其行业效应和地区效应进一步开展实证分析，解读香港服务业在内地投资面临的具体障碍，并有针对性地采取措施加以解决。未来随着股权投资的日益普遍，相关法律法规更会远远滞后于实践的需要。

基于以上的研究结果，本文提出以下建议。

第一，扩大宣传，提高推广力度，借鉴上海自贸区推广负面清单的制度经验。CEPA实施时间已经超过十年，但协议属于渐进扩充式，每年都有较大变化，这导致公众认知困难，因此，简化宣传内容、提高宣传力度对于加强公众认知，降低学习成本有极大的好处。同时CEPA可以借鉴上海自贸区负面清单以及NAFTA服务业负面清单经验，适时推出CEPA负面清单制度，这不仅可以扩大CEPA的作用范围，也可以省去频繁增加补充协议的谈判成本和学习成本。

第二，进一步加快扩大服务业开放力度，尤其是推动金融业深化合作。目前香港与广东地区已经基本实现了服务贸易自由化，接下来的重点是加快在全国其他地区的推广。对于服务业也要进一步细化，加大对高端服务业，比如金融业的扶持力度，将金融合作作为下一步服务贸易发展的热点和重点，这对中国金融现代化有极大的促进作用。比如股权投资，尤其是以沪港通为代表的两地股市互相联通，既可以丰富两地居民的投资标的，又为企业融资模式创新带来可能性。再比如加强金融业合作，推动香港成为人民币离岸交易中心，可以有效规避汇率风险，降低内地投资门槛。金融是经济的命脉，以金融业为突破口，将带动国内更多产业降低融资成本，使得内地经济广为受益。

第三，优化准入条件，完善纠纷处理措施，保护双方合法权益。对于原产地或者投资者身份的确认不仅要参考企业成立年限，还要考虑所在行业的具体情况，采用更加机动灵活的方式，可以考虑对资质较好的企业实行备案制。法律制度建设方面，在今后的谈判中要注意加强对仲裁机构或者纠纷处理机构的建设，提供完整的法律保护和争端解决机制，设立双方都认可的仲裁机构，对争议进行快速调解或法律处理，降低纠纷扩大的可能性。

TPP 签署后，美欧日主导的 TPP 协议和 TTIP 谈判正试图形成新的贸易和投资规则，而我国却被隔离在外。CEPA 及其补充协议是目前我国最全面、最开放的区域贸易和投资协议，通过对 CEPA 下内地对来自香港投资的开放及其效应进行研究，能够对相关投资政策和制度进行更精准的解读和分析，为我国应对 TPP 的高水平开放，发展区域经济一体化、提高招商引资水平提供重要借鉴。

本文目前研究有限，希望今后可以获取更加丰富的数据，能够对各行业和地区提出更有针对性的建议。

参考文献

[1] Kindleberger, C. P., "European Integration and the International Corporation", *Columbia Journal of World Business*, 1966, 1 (1).

[2] Baldwin, R. E., Forslid, R. & Haaland, J., "Investment Creation and Investment Diversion: Simudation Analysis of the Single Market Programme",

NBER Working Paper No. 534, 1995.

[3] Shabtai Donnenfeld, "Regional Blocs and Foreign Direct Investment", *Review of International Economics*, 2003, 11 (5).

[4] Barthel, F. E. Neumayer, " Competing for Scarce Foreign Capital: Spatial Dependence in the Diffusion of Double Taxation Treaties", *International Studies Quarterly*, 2012, 56 (4).

[5] Berger, A., M. Busse, P. Nunnenkamp and M. Roy, "Do Trade and Investment Agreements Lead to More FDI? Accounting of Key Provision Inside the Black Box", *International Economics and Economic Policy*, 2013, 10 (2).

[6] Eric Neumayer, Peter Nunnenkamp, Martin Roy, Are Stricter Investment Rules Contagious? Host Country Competition for Foreign Direct Investment through International Agreements, WTO Working Paper, Apr. 2014.

[7] Blomstrom, M., et al., Regional Economic Integration and Foreign Direct Investment: The North American Experience, Working Paper Series in Economics and Finance No. 269, 1998.

[8] Bende-Nabende, A., Ford, J. L. and Slater, J. R., "The Impact of FDI on the Economic Growth of the ASEAN-5 Economies, 1970 - 1994: A Comparative Dynamic Multiplier Analysis from a Small Model with Emphasis on Liberalisation", Department of Economics, University of Birmingham in Its Series Discussion Papers with number91 - 18, 1999.

[9] Han, Yeo, Yoon, and Yoo, "How will the China-Japan-Korea FTA Affect the Inward FDI to Korea", *Sungkyunkwan University*, *Korea and the World Economy*, 2004 (3 - 4).

[10] Swenson, D. L., " Why do Developing Countries Sign BITs", *U. C. Davis Journal of International Law and Policy*, 2005 (12).

[11] 兰天:《北美自由贸易区经济效应研究》, 吉林大学博士学位论文, 2011。

[12] 郭宏:《东盟区域经济一体化及其贸易投资效应分析》,《亚太经济》2009 年第 5 期。

[13] 孙薇:《CEPA 为港资对大陆投资带来的前景》, 《管理世界》2004 年第 12 期。

[14] 袁持平、吴肯浩:《粤港澳直接投资的演进路径及其扩散效应——基于直接投资便利化的视角》,《广东金融学院学报》2006 年第 2 期。

[15] 陈恩:《港商在内地和珠江三角洲投资的区位布局与实证研究》,《当代港澳研究》2012 年第 2 辑。

[16] 吴献金、王莹莹:《中国内地吸引香港直接投资的因素分析》,《湖南大学学报》2008 年第 3 期。

[17] 王静:《CEPA 框架下香港对内地直接投资的引力模型分析》,《当代经济管

理》2012 年第 7 期。
[18] 王楠：《构建 CEPA 框架下内地与香港间投资协议的若干思考》，《云南大学学报》（法学版）2013 年第 5 期。
[19] 华晓红、杨立强：《中国内地与香港 CEPA 效益评价》，《国际贸易》2008 年第 11 期。
[20] 潘向东、廖进中、赖明勇：《制度因素与双边贸易：一项基于中国的经验研究》，《世界经济》2004 年第 5 期。
[21] 赵雨霖、林光华：《中国与东盟 10 国双边农产品贸易流量与贸易潜力的分析——基于贸易引力模型的研究》，《国际贸易问题》2008 年第 12 期。
[22] 张应武、徐丽苹：《CEPA 促进了香港与内地的货物贸易吗》，《国际经贸探索》2014 年第 2 期。

Analysis of the Effect of CEPA on FDI to Mainland China from Hong Kong

Zhang Jun, Wang Xiaoxiao

Abstract: Based on traditional DID model and Gravity Model, the paper examines the influence of CEPA on FDI to Mainland China from Hong Kong, using 1998 –2013 FDI from Hong Kong as sample. The conclusion is double checked by using robustness data. The results show that it is obvious CEPA brings positive effects on attracting Hong Kong FDI to mainland China, which is reinforced by provincial data. It indicates that CEPA and its supplemental agreements play a positive role on the cooperation between Hong Kong and Mainland China. Base on this the economic integration between the two places should be expanded and reinforced.

Keywords: CEPA; Hong Kong FDI; DID; Gravity Model

港澳社会

香港青年的社会想象与本土意识

郑婉卿*

摘　要：本文基于深度访谈资料，从生活方式、地域文化、价值观及规范、政治期待、边界意识以及共同记忆六个方面分析香港青年的社会想象，探讨青年群体对香港社会存在的认知，从中看到其身份认同形成的脉络及社会意识的特征。结果显示，香港青年关于香港社会，有浓厚的地方情怀和文化依恋；“狮子山精神”、“中环价值”以及自由法治等多种价值观共存；政治取向温和保守；同时有明显的“存在性焦虑”。香港青年清晰地认识到，香港在主权上属于中国，表示没有想过，也不期望香港会脱离中国。同时他们也强烈感受到，来自国家的强大的同化力量，形成“存在性焦虑”：一方面，承认中国对香港的主权，承认香港发展中内

* 郑婉卿，中山大学粤港澳发展研究院、中山大学港澳珠江三角洲研究中心，研究方向为流动性、港澳社会、移民社会学。

地提供的资源不可缺少；另一方面，又担心被内地同化成为一个普通的省份，失去其特性和相对独立性。从专题研究取得的访谈资料分析来看，香港大众媒体热议的“本土意识”并不是香港青年普遍持有的观念意识，香港青年共有的只是保护自己地方利益的意识。社会中的个体也有能力在主观上重新定义背景或者是通过行动协商出一种为所有人可见的新背景，“本土意识”一定程度上是相关利益群体将香港与内地关系政治化所建构的产物。抽离了这种政治成分，香港的地方意识和世界各地、中国各地社群的地方意识并无太多本质的不同。

关键词： 香港青年　本土意识　社会想象　地方意识

近年“本土意识”一词在香港大众传媒中使用率越来越高。在收录港台权威报刊的数据库慧科新闻中香港报刊有《信报财经新闻》、《明报》、《文汇报》和《新报》，当中刊载的文稿中，2007年以前香港报刊上基本没有关于“本土意识”的讨论，从2007年1月1日至2012年12月31日以“本土意识”和“国家认同”为主题词的文章有五百多篇，2013年初至今这个词语在上述报刊出现的频率更超过了之前的总和。使用这些词语的文稿，主要是专题报道和专栏评论。这个词语在香港媒体出现的显著特点是：当内地和香港之间的民间纠纷，以及中央和特区的权力关系成为关注点时，这个词语被使用的频率很高。“本土意识”似乎已经成为大众媒体表达香港和内地“不同”的主要话语。伴随“本土意识”一词出现的，同样为大众媒体所高频使用的另一词语是“国家认同”。自香港回归以来，香港人的国家认同已备受关注。随着“本土意识”话语的兴起，国家认同作为一个与之似乎相抗衡的概念，更加受人瞩目。影响香港人国家认同的因素是多方面的，不仅包含个人层面的因素，而且包括社会、政治情境等多方面的因素。在不同时期，对香港多间机构进行的身份认同跟踪民意调查结果曾在内地与香港不断变化的政治社会情境中掀起风波。香港青年是近年来活跃于香港社会运动及政治生活的重要主体，其本土意识及国家认同的状况，关系到未来香港政治社会发展趋势，因此更成为关注的焦点。

一　概念与文献回顾

在社会科学语义上，本土意识指一个地方居民或社群对自己所在地域的主权、利益和文化特征的综合认知或想象（黎熙元，2014）。而社会想象，指的是人们思考社会现实的智力活动，是人们想象其社会存在的方式，如何待人接物，通常能满足的期望，以及支撑着这些期望的更深层的规范观念和想象（查尔斯·泰勒，2014）。社会想象不同于社会理论，最初由少数人开创的理论可能会逐渐嵌入社会想象之中，但社会想象才是使人们实践和广泛认同的合法性成为可能的一种共识。它可能包含了人们对他人的一种正常的相互期待感，是一种可以让人们履行构建社会生活的集体实践的共识，当然也包含了人们如何与他人协作，从而去履行公共实践的某种认识。这种认识既有实在性，又具有规范性（查尔斯·泰勒，2014）。

“共同体的追寻”——寻找认同与故乡——是“人类的境况”本然的一部分①。人们在想象其社会存在方式之时，往往也有追求归属感的需求，认同便彰显其力量。本尼迪克特·安德森将民族定义为“一种想象的政治共同体”。这个定义回避了寻找民族客观特征的障碍，直指集体认同的“认知”面向——想象是形成任何群体认同不可或缺的过程。“想象的共同体”所指涉的并非“虚假意识”，而是一种社会心理学上的“社会事实”②。人们想象其社会存在的方式，寻找其所归属的群体，从而表达出对某特定群体的认同。“认同”一词本来自心理学领域，随着族群问题的研究逐渐移植至社会学和政治学领域中。埃里克森（Erikson）指出，“认同”实际上是关于“我是谁”这一问题的或明确或隐晦的回答。认同不仅仅是个体的，也是群体的、社会的，是在人与人、群体与群体的交往中所发现的差异、特征及其归属感③。查尔斯·泰勒以现代认同的历史，“标示出整个系列的关于什么是人类主体性的理解：这就是内在感、自由、个性和被嵌入本性的存在……它们就是在家的感觉”（查尔斯·泰勒，2012）。

王明珂在回应安德森的基础上，通过诠释中华民族历史发展不同阶段处于华夏边缘的人们在何种情境下，如何宣称“我们是谁”及“为何我们要宣称我们是谁”，来说明：国家或民族、族群并不是外在于个体的事物，国家或民族、族群的身份不是天然而然地存在的，而是个体在它早年生活的群体中习得的集体记忆和关于共同

---

① 吴叡人：《认同的重量：〈想象的共同体〉导读》，载本尼迪克特·安德森《想象的共同体：民族主义的起源与散步》（增订版），吴叡人译，上海世纪出版集团，2011。

② 吴叡人：《认同的重量：〈想象的共同体〉导读》，载本尼迪克特·安德森《想象的共同体：民族主义的起源与散步》（增订版），吴叡人译，上海世纪出版集团，2011。

③ 参见袁娥《民族认同与国家认同研究述评》，《民族研究》2011年第5期。

体的想象（王明珂，1997、2013）。他梳理各流派族群理论的论述脉络，建构了一种反思性的国家与民族（族群）的认同知识，承认并尊重当前人群的国家与民族（族群）认同，将认同的近代变迁放在历史脉络中去理解和反思，这样一种关于国家和民族的理解，“可以化解一些刻板的民族概念与历史知识所造成的族群认同与国家认同，以及因此产生的各个民族与各民族国家间的对立和冲突”（王明珂，1997、2013）。王明珂总结了几对观点相悖的族群理论：客观论（内涵论）和主观论（边缘论）；工具论与根基论；社会生物学与文化亲亲性。它们在理解族群的不同面向上各有侧重：客观论指出了族群可被观察的内涵，主观论强调族群边界的确认是族群形成的关键；根基论和工具论是族群认同的一体两面，正因为族群认同有密切感情的特性，所以它才能够成为人们进行人群分类以竞争资源的工具；文化亲亲性是在对人类结群行为的社会生物学解释的借鉴和批评基础上形成的，通过集体记忆和结构性失忆，来解释群体形成、发展与重组的过程（王明珂，1997、2013）。

王明珂传递出一种反思性的知识：一个群体今天宣称他们具有某种国家或民族身份，受他们所在的历史情境和条件限制。对于那些意欲远离该群体的人，更能理解他们的情感和选择。若群体想要挽留那些希望挽留的人，应该去反思如何通过集体记忆去塑造族群认同与国家认同，而非放任甚至是制造族群间的对立和冲突。

相似地，金太军和姚虎通过梳理国家认同的概念基础，认为在“流动的现代性”的时代背景下，中国发展面临全球化的外力推动及社会内在转型的双向互动，“怎样获得国家认同”的问题自然被置换为“国家认同何以可能”的问题。而消解个人层面的本体性焦虑，使其回归本体性安全及实现国家层面的国家向心力的生产和再生产，方能显示国家认同的功能性力量（金太军、姚虎，2014）。

香港人的群体意识是香港人关于社会存在的一种想象。身份认同及本土意识都可视作群体意识的一部分。作为处于同一地域的群体，其对所在地方产生归属感的地域认同，也是国民对国家的疏离意识以及由此产生的对次共同体认同的常见现象。人们将会抗拒个体化和社会原子化的过程，而更愿意在那些不断产生归属感、最终在许多情况下产生一种共同体的组织中聚集到一起，由此也可能形成相应的地域利益共同体及地域认同（曼纽尔·卡斯特，2003）。香港人的身份认同，自回归以来一直备受学者及大众媒体的关注。“香港人”还是“中国人”的身份认同问题一直徘徊在香港市民的脑海里，成为一个让人困惑的难题。社会心理学认为，所有知识都是通过社会比较而社会性地获得的，身份认同本质上是社会的自我范畴化（豪格、阿布拉姆斯，2011）。香港市民在不断界定“谁是我们”和“谁是他者”，以及比较“我群”与“他群”的过程中生产着身份和文化的认同。他们做这样的社会比较的动机，往往是为了确认他们对于自身、他人和整个世界的感知是正确的。回归后，两地交流越来越密切，全球化和中国崛起的过程与此同时也刺激和挑战着香港人对自身、他人和整个世界的感知。香港人的身份认同是他们关于香港社会想象的直接体现。

在同样的背景下，大致在 2007 年之后，“本土意识”作为一个常用词在香港逐渐流行起来。它最初来自台湾，在此之前香港和内地一直使用“地方意识”来表达现今“本土意识”的内容。相对于中国大陆来说，台湾是一个离岛，而且相对于大陆这个“他乡”，存在一个独立的政治管治实体（虽然没有合法地位），有些台湾人称台湾为“本土”。香港作为一个政治行政区域，其形成变化的历史与台湾有很多差异，从地理空间和居民生活来讲，近百年来香港与整个中国内地的联系比台湾密切得多。香港人一向也使用“地方”一词来表达本地域和全国的关系。从社会科学概念类型学来分类，“地方”—“国家”、“本土”—“异国”（或他乡）在语义上相对存在。香港的本土意识至少包括香港地方意识的某种成分，并与香港人身份认同交织在一起。从“地方”到“本土”，究竟舆论的转变所反映的是一种新的集体认同存在的事实，还是只可被视作塑造新的集体认同的倾向，仍需实证资料的检验。本文将仔细考察香港青年关于香港社会存在的想象，来进一步探究此问题。

二　资料来源及实证分析

本次研究通过对45个香港青年进行深度访谈获取资料。受访者的年龄在19～30岁，多数出生于1990年前后，平均年龄约为22.2岁。多数受访者为在校大专以上学历学生，在内地升学与留港升学学生分别占51.1%与48.9%；男、女各占53.3%、46.7%。大部分受访者家庭收入在1.5万元至5万元之间。

如前所述，社会想象是人们想象其社会存在的方式，既包括个体之间的行动，例如如何待人接物，对他人的正常的期待感等；也包括群体层面的互动，例如一种可以让人们履行构建社会生活的集体实践的共识、人们如何与他人协作、如何履行公共实践的观念等。故此，关于香港青年的社会想象的实证分析主要围绕以下六个方面进行：生活方式、地域文化、价值观及规范、政治期待、边界意识以及共同记忆等。这六个方面，反映了青年群体对香港社会存在的认知，从中可以看到其身份认同形成的脉络，以及社会意识是否已具备本土的特征。

（一）生活方式：温情的社区感

多数受访青年认为香港人是亲和、友好、有礼貌的群体；最可贵的是香港人情味浓，有互助精神，对此他们也颇为自豪。在提及人情味浓，或者具有守望相助、互助精神之时，受访者多少会与内地（大陆）对比。在他们的印象中，内地人与香港人处于不同，甚至是完全相反的状态。例如：

> “香港我觉得相比起内地来讲可能会人情味会浓一点。”（GMH20140315）
>
> “譬如我有一次见到，就是走着走着见到有个人晕倒在地上了，那我会觉得如果在内地，在其他地方的话，可能别人会觉得他招摇撞骗啊，然后没人理他，但是我那时候见到的情况就是其他人会立刻过去帮他，那这个，立刻看他有没有事，问他要不要叫救护车啊，那我觉得这个助人精神是在香港，就是香港是挺好的。”（HMA20140315）

这种温情的感觉主要集中在旧区及中下阶层。

> “香港人人情味比较重一点，就是有很多东西都会互相帮忙……香港其实旧区会比较好点，因为通常你去旧区，比较传统的老人家，比如你坐下和他聊一下天，他就会教你很多东西。”（GFD20140304）

“如果说可贵的特征啊，我觉得香港人中下阶层啊，左邻右里互相帮忙那些精神啊。”（HMA20140301）

社区感指的是个体对所在社区的认同及归属的情感。包括地域、情感联系、社会互动等成分（李须、陈红等，2015）。人情味浓和互助精神，是《狮子山下》同舟共济精神的体现。受访者描述时，表现出浓厚的对“香港人”这个群体的认同和归属感，表现出温暖的社区感。

见到“香港”两字，多数青年会联想起香港流行的饮食娱乐方式或相关物品，例如菠萝油（夹上牛油的菠萝包）、猪仔包、旺角美食、行街（逛街）、shopping（购物）等。受访者描述这些对象时，带有浓郁的地方特色感和乡土眷恋。

当问及香港哪里最漂亮的时候，维港夜景及铜锣湾是回答人数较多的答案。受访青年形容“维港夜景”时，会提及的是“烟花”“灯光”等“绚丽缤纷”“五光十色”的感觉，描述出一派繁华的景象。“维港夜景”通常也会与“东方之珠”“金融中心”，以及高楼大厦、旅游购物等联系在一起，形成对香港繁荣的理解。受访者之所以喜欢维港夜景，除了它代表了香港的美丽与繁荣之外，也认为它是一个时代的标志，是全世界最漂亮的港口之一，描述中充满自豪的感觉。

“我觉得维港啦，维多利亚港两岸，两边看都很漂亮，以及它是一个时代的标志性啦，这是第一，第二是这个地方不会厌倦咯，就是游客又不会厌倦，我们自己本地的人都会经常去。就是会代表着……香港发展。因为会看着高楼大厦的出现，或者看着每一晚这个城市发生的不同事情，所以它是挺标志性以及我挺喜欢这个地方的。维多利亚港是全世界最漂亮的港口之一。”（HFL20140208）

除了繁华的都市景观之外，香港的郊外、离岛也是香港青年较多提及的本土景观。在他们的描述中，这些地方代表着清新的空气和自然的、休闲的生活。

对共同生活方式的认同，以及对香港中西混合、新旧交错的景观的赞美是香港人身份认同最基本和共同的构成部分。“人们在重要而富有象征意义的风景区休闲，以此建构自己的身份。”① 全部受访者无一例外地表达出“香港是我家”的情怀。他们钟情于香港的风土人情，都以留在香港生活、保持香港人的身份为自己身份层面的第一选择。

（二）文化共融与包容：“半唐番”即传统

几乎所有被访者同意香港是多元文化交融的地方，与中华文化或西方文化都有深厚的渊源。受访者在描述本地文化之时，通常同时提及中国元素和西方元素。在他们的印象中，两者共存于本地之中。中国元素主要体现为岭南文化元素，包括“庙宇”、“拜神”、“遵守（传统）习俗”、“老唐楼”及“广东话”等。而西方元素

① Hirsch, Eric (1995), “Introduction. Landscape: Between Place and Space,” in Eric Hirsch and Michael O'hanlon (eds), *The Anthropology of Landscape: Perspectives on Place and Space*, Oxford: Clarendon Press. 转引自温迪 · J. 达比《风景与认同：英国民族与阶级地理》，张箭飞、赵红英译，凤凰出版传媒集团/译林出版社，2011。

则包括“电车”、“英文”、英式建筑等。但中西的元素通常密切交织在一起，通常难以明确界定。例如，“两文三语”、中西交杂的建筑特色、港英政府时期发展起来的茶餐厅、中西夹杂的特色食物（如“西多士”）等。可以说，“半唐番”——中西交杂、非中非西、亦中亦西才是香港青年认可的本地文化。而“旧区”、“小街小巷”、“老店”及“旧启德机场”等，似乎象征了香港发展时期人们的记忆，代表着邻里街坊的市井文化。

通过强调与内地及西方的区别，受访者很乐意展示香港文化“半唐番”的特征，并对此非常自豪。例如：

> “……广东同学讲嘅广东话同我讲的广东话系真系有些差别，系发音方面。大家真系其实听得到香港嘅粤语同埋广东粤语、广州话、广东嘅粤语系唔同。……香港的粤语发展得更加丰富多彩。……譬如那些潮语，变咗好香港的特色，……那些特别的词语，可能同广东同学讲他们可能不明白，因为这个就系香港的特色……大家可能都有些讽刺时弊，……出现了好多新奇古怪嘅，新的广东话。我觉得……挺自豪咯。”（GFL20140101）
>
> “譬如佢 D 字体会好，好细致咯，就唔似好似简体字那些宋体黑体啊好核突（难看）嘅。就……就会觉得好似香港的字体就会靓一点咯。除了繁体之外仲会圆润一点。就觉得香港那些东西就有条理 D 一点。……（各种表格的）格式好靓，字又排得好好。”（GML20140101）

多数受访者也为香港人对不同文化的开放、包容、尊重的态度感到自豪。他们认为，相互尊重是香港人基本的处事的态度，是不同文化和价值观的人在香港和平相处，多元文化在此地交融共存的原因。

“我会觉得‘尊重’这样东西，就是比较多人会有咯，因为香港本身是一个比较多不同地方的人生活的地方，华洋杂住啦，那其实在这样的情况下就是在香港生活是必须要有尊重才能够和平共处咯，那我觉得这样东西是比较值得的。”(GMD20140304)

“都挺appreciate。就是其实香港暂时来讲都还是很包容不同文化国家的人，这样咯。是啊，因为可能现在出街都经常见到可能有不同地方来的外地游客啊，那其实大多数来讲其实都很nice的，他们都……就是不论是香港人对外地游客，还是外地游客对香港人，这样，其实我都觉得是都挺……都挺欣赏这样东西咯。”(HFD20140304)

从边界的流动看文化与文化之间的构成，文化边界应该是文化与文化的相加，而不是一个文化压倒另一个文化[①]。现实中香港的多种文化共融，不同文化人群之间的相互尊重和包容可以说是边界地区文化叠加的体现。

（三）价值观多元：“狮子山精神”、“中环价值”与自由法治

与文化多元相类，多数香港青年同意香港人一方面保持住中国人的传统价值观，另一方面也很接受西方自由法治的思想，价值观方面也是多元交融的。

---

① 夏循祥，2014。转引自《“香港社会特征与本土意识”研讨会综述》。

在中国传统价值观方面，提及最多的是勤奋拼搏和自强不息精神，例如使用以下词语描述香港人："勤力（勤快）""肯博""不怕辛苦"；"好识运用（懂得利用）时间好努力甘去做嘢（工作）"；在SARS及金融危机等困难时期具有"逆境自强"的精神；等等。

香港是个高度发达的商业社会，长期生活在此的香港人，也表现出与之相适应的特征。受访青年喜欢使用"醒目"、"好识（懂得）抓住机会"、"触觉性高"、"转速快"、"急促"、"效率高"及"喜欢搞掂/解决问题"等词语形容香港人。例如：

> "我觉得香港人，做嘢好快，好醒目嘅，即系转速好快啦，跟住，我觉得香港人都几有礼貌，同埋，接受新事物嘅能力都几高咯。"（HFC20140408）
>
> "那个触觉性我觉得都很高……触觉性高就是他很留意这个世界发生什么事啊，然后去寻求一些方法去改变咯。可能因为香港人有一种不满，不安于现状的心态，所以他们会有很多办法，那些办法，就是他们要想这些办法就要靠他们的触觉咯，……他们会想到很多办法去调……解决某一些东西。"（HFL20140208）
>
> "香港人，想东西很快啦，转速很高啦，很多问题一来到其实不用很久就想到解决办法。……是啊。搞掂它咯，搞掂一样东西，……香港人精神来的，是啊。Get it done。真的呀，真的呀，真的是 get it done。……完成解决问题咯。"（HMW20140208）

也有提及香港人"自我保护意识强"、"功利"以及"物质主义"的：

"有共同特征，就系，主流上嘅都系，自己搵自己钱，你嘅事就其实唔关我事。……好单纯嘅功利咯。……香港价值观，我觉得都系，都系赚钱架咋喔……即系有D人真系可以为咗赚钱就唔理果D自由平等啊，……即系所有人都系觉得，钱系比较紧要，有钱你就冇好讲果D嘢……如果你自己都未有饱饭吃，边度得闲谂哩D嘢。"（GML20140101）

"很物质主义啊，变得，就是没了那种很淳朴的感觉，就是以前在香港还是发展中的时候，人都还是很淳朴的，之后现在，现在这一代的香港人，就是八九十年代出生那些就很，变得很物质主义了已经，就已经没了那种很淳朴的那种风气。"（HFC20140303）

香港青年的描述体现了中国传统的勤劳奋斗、自强不息的精神，同时也体现了以个人奋斗来改善生活处境，以经济发展和财富积累为首位选择原则的价值观。前者可以与自强不息，同舟共济的"狮子山精神"相印证，后者则为学界及媒体称为"中环价值"或"港式经济主义"。

受访的香港青年多数强调自由与法治是香港人非常重要的核心价值。他们一想到香港就会想起"自由"、"民主"、"公平公正"、"尊重法律"及"公民意识高"，并且认为这些是香港社会最重要的特征。不少香港青年认为香港人最可贵的特征就是自由与民主，并认为整个社会都是渴望自由的。这个印象通常是从与其他国家或地区的对比中体现出来的：

"如果要讲一个地方嘅特征，我觉得系你要同另一个地方去对比，你先出得到个特征。……我一对比我就觉得，咁系政治哩一个态度上面应该香港人就系民主啊，……即系大家都会好争取，要普选啊。”（GFL20140101）

“因为自由不是每个国家都有，不是每个国家你想发表什么言论而发表得了。”（GMW20140326）

香港青年所提及的自由往往是表达意见和接收信息的自由。而勇于表达、勇于争取、自觉承担义务和捍卫权利也是香港青年所自豪的相关社会特征之一。

“我觉得香港是一个有 freedom 的城市咯，就是有自由的……因为有很多地方它们的自由受到限制啦，但是香港基本上它是很自由地表达意见，就是信息的传达都很自由，我们可以知道世界各地发生的事，但是有些国家是不会知道自己外界，就是除了自己国家之外外界发生的事咯，所以对于我们来讲知识，或者就是怎样了解这个世界的情况是比较好，比起其他国家比较好了。”（HFL20140208）

“他们有什么意见的时候都可以去表达，不会因为碍于些什么而不讲出来咯，就是社会给来的，那个带来的气氛。”（GFH20140308）

关于言论自由和勇敢表达自己意见的关系，多数被访者认为两者是相辅相成的。部分香港青年更指出，之所以会形成这样的氛围，是因为在人与人之间的关系中，香港的社会信任程度比较高。

> “我觉得是双向咯，因为有言论自由这样东西，那所以我们会更加勇于去表达不同的意见啦，就算对着可能不同地方不同文化的人，这样，我们都会，都很愿意去真的大胆讲出自己的看法啊。我觉得这样东西是双向的，就是因为你那么坦诚去对别人，所以别人都会觉得这里的人是真诚的，可以信得过的。”（HFD20140304）

香港人自觉承担义务、勇于争取权益主要表现在为弱势群体发声，不坐以待毙，积极参与社会运动等方面。同时也有受访者清醒地认识到经常上街游行，将言论自由极大化，其实是一种投诉文化，对社会的长期繁荣稳定并无好处。

> “我觉得香港社会呢任何一个角落呢都会，都会有一帮人去帮他们发声的……就是有区议员会帮譬如弱小社群发声的嘛，那我觉得香港社会那是这方面是做得挺好的咯，因为不论你是做什么工种，你的工种都是会有人去帮你去争取属于你自己的权益，然后去为你争取更多的权利咯。那么……我觉得香港人是会比较，比较，那个叫，比较会，自己会自觉那样去做一些应该做的义务咯，例如就是投票啊或者去争取属于他们自己的东西，权益的一些东西咯。……我觉得最可贵的可能就是有一帮人他们是会无条件那样去，去帮一些和他们可能是完全没任何关系的人，就是觉得他们可能受到这个社会的迫害，那这帮人就会很无条件那样去帮他们，或者去帮他们申诉，或者去用他们自己很多的时间或者是资源去帮那帮人，我觉得这样无条件地付出是很珍贵的咯。”（GMH20140308）

“香港人系好中意，好中意一到礼拜六日就去游行咯，就好中意投诉，哎，投诉文化咯。哩个都系一个，有一个共通点咯，就系任何事都要投诉你，觉得你边度做得唔好，一定要有少少差错都可以将你投诉到好犀利，咁就，即系佢会有个咁嘅，咁嘅感觉，就好中意投诉。……但系好多时媒体做出嚟嘅压力就系，媒体有少少，都会有少少主导。就是有人挑起咗一个事之后媒体就会将佢加大到好犀利（厉害）。然后就，政府见到不行啦，咁就要理一理佢（它）啦。咁，最尾就，就搞掂。”（GML20140101）

虽则香港青年普遍地提及香港社会自由的特征，但同时他们也清醒认识到“法治”是香港社会另外一个很重要的特征，尊重法律和规则、公民意识高是香港人高素质的体现。

“香港是一个还能保持着自由然后很尊重法制的自由港。”（GFB20140302）

“哪些特征最可贵，就是香港人他们能够遵守（规则），就能够保护自己的地方，他的环境……他们会小时候（长辈、老师等）就教他们要遵守很多规则，就很多东西会被潜移默化了，就是所以我觉得这个特征是比较可贵咯。”（GFF20140306）

从价值观的多元化来看，中西方的传统价值在香港都有非常浓厚的影响。“狮子山精神”、“中环价值”以及自由法治，在香港社会并行不悖。结合多数受访者关于“尊重”的态度。或许，相互尊重是与香港人和平相处，或香港社会中不同群体的和平相处相关的最基本的态度和方式。

（四）边界意识："中心－边缘"对话中的存在性焦虑

从香港所处的中国边界的位置来看，香港与中央的对话可以视作边缘与中心的对话，是中国内在的"他者"。一方面香港首先是中国的边界，它既连接大陆，又融入海洋世界。它可能是和平演变的基地，也可能是中西沟通的枢纽。另一方面，香港与中国内地之间也有一个边界，边界的构成是一个历史的过程，但流动是一个从未中断过的日常实践。在流动的日常实践中，文化边界形成文化与文化的相加，而非一个文化压倒另一个文化的局面。回归后，随着两地交流越来越密切，香港和内地两种文化在内部向对方完全展开，彼此都发现很多的"文化震惊"。这种"文化震惊"刺激了香港居民对自身身份的确认。但同时他们也感受到崛起的大国中心对于边缘的影响力，逐渐产生为中心所吞噬的焦虑。这种焦虑可以被称为存在性焦虑，与吉登斯所述之本体性安全是相对的，指的是在"中心－边缘"对话越来越密切的背景下，他们对"自我认同的连续性以及对他们行动的社会与物质环境之恒常性所具有的信心"（吉登斯，2011）处于摇摆不定的状态。

对于"中心"与"边缘"之间的边界的认识，一定程度上反映了香港人对自身身份认同的认知。无论香港居民宣称自己是"中国人""香港人"还是"中国香港人""香港中国人"，考察其边界意识，都更加能够理解为什么他们在某些时刻倾向于宣称他们具有某种国家或族群身份。如王明珂所言，这种反思性的族群认同知识，可以化解一些刻板的族群或群体概念与历史知识所造成的族群（群体）认同与国家认同对立和冲突（王明珂，1997、2013）。

由访谈资料可以看到，香港人对于内地处于“中心”位置的认识是非常明确的。几乎全部受访者都清楚知道香港在主权上属于中国，表示没有想过，也不期望香港会脱离国家。填写国籍时填写“中国”与“香港（中国香港）”的各占半数。如果要选择身份，超过一半受访者认为“中国香港”或者“香港中国”都可以。但除此之外，受访者对中国国家政体、制度、法律社会特征等几乎一无所知。对香港与国家的关系，多数受访者认为香港在主权上从属国家，但是香港的政治权力却不一定需要受制于国家，或者由国家来赋予，他们认为这就是“一国两制，高度自治”的含义。

对于香港与内地的区别，受访者的回答往往体现出两地交往的中的“文化震惊”，尤其是体现在日常生活中的差异。例如：礼貌方面、人的素质、语言的微小差别、生活的节奏，以及廉洁程度、民主和自由的程度等。

关于香港与内地历史边界的形成，全部青年都承认最初的知识来自中小学历史课本中的阐述。在他们的印象中，课本中的阐述是比较客观的，只描述事实：中国与英国是国家，香港是地区；英国曾经殖民统治香港，但香港本身属于中国。受访者时常用家庭关系来比喻香港与中国、英国的关系，香港是子女，中国是亲生妈妈（父亲），英国是奶妈或养母（父）。他们都认为回归后，与英国基本已经没有联系，殖民统治的记忆只存在于遗留在香港的建筑、语言与生活习惯之中。虽然他们会在对现实不满之时，怀念起港英政府时期的香港荣光，但未曾有隔断与中国联系的意愿。从中可以看到，无论是历史联系或是情感联系，香港居民对于香港之于中国的归属关系是非常明确的。

家庭关系的比喻同时也包含了以下的意味：亲生父母对子女的干涉更多。有些受访者认为当前中央对香港的干预，比起港英政府时期来自英国的干预要多。对于这种干预，受访者处于矛盾的状态，这种矛盾体现了香港人的“存在性焦虑”：一方面承认中国对香港的主权，承认香港发展中内地提供的资源不可缺少；另一方面又担心被内地同化成为一个普通的省份，失去其特性和相对独立性。

“很多政党就觉得现在香港的特首梁振英是中央的，就是中央控制他的，但我又觉得中央控制他那又怎样，始终香港都是中国的。就是这样，有时候就是我觉得，我们香港不可以没了中央的照顾，因为很多东西都是中央带给我们的。……那时候邓小平就提出什么五十年不变啦，然后我们就在想那第五十年后的第一天是不是应该好像……，因为以我们在香港的生活习惯，就是譬如说在香港可以很随意地，基本上是没障碍咯，就是浏览网页的时候是没障碍，但是如果你说去到以后就是‘一国一制’的时候而不是‘一国两制’的时候，那会不会说我们香港都不会像现在这样了。”（HFC20140303）

“香港渐渐被中国一体化咯，然后香港会，会被内地那些思想或者政策或者行为影响了，没了以前……的特色咯。”（HMC20140303）

“坦白讲，我觉得香港没了内地是真的不行的，始终太小，那虽然说它是靠金融发展，但是它都不能够说不吃东西不喝水，也都不能够说完全不发展旅游业的。但是我觉得如果香港不将自己的立场站硬一点的话，会不会就变成可能广东省的其中一部分，或者变成其中一个中国的普通省份……”（HFC20140303）

对于内地在香港发展中的重要性，几乎没人否认。所有被访者都承认内地在香港经济发展中所扮演的重要角色，这种重要性体现在食物、饮水、旅游零售业、人才、资金、市场等各个方面，是香港的巨大的后盾。对于否认这种重要性的言论，他们直斥愚蠢。

“我觉得香港系一个好小嘅地方，佢其实系一个好大嘅国家嘅其中一个地方，但系哩个地方政治比较独立啲，跟住我哋可以自主控制我哋自己哩个地方嘅嘢啦，但系我觉得任然……我哋系唔够实力嘅，即系仍然要系有一个国家嚟做我哋嘅后盾咯。一个后盾嘅作用。提供资源啦，即系譬如我哋香港甘细，冇可能有足够嘅地方俾我哋做粮食啦，……同埋我哋嘅制造业全部都系分散喺中国嘅……其实，即系中国俾咗我哋一个好大嘅环境，即系做咗一个好大嘅环境俾我哋经济去发展咯。”(GML20140301)

“我听到有啲好戇居（愚蠢）嘅议员讲，根据财政报告，旅游业对香港嘅贡献只有5%嘅GDP，可能佢哋真系唔知道5%嘅GDP系几甘大，同埋佢唔知道一个旅游业对于你其他嘅影响系几甘大，我觉得旅游，对于香港哩个地方系注入咗非常大量嘅资金咯，甘瘦田冇人耕，耕开有人争，你哩个地方如果冇人来嘅话，好自然嘅好多商家都会撤资。”(HFE20140408)

“存在性焦虑”在这里再次显现，多数被访者承认内地是香港重要后盾的同时，十分担心在与内地越来越密切的联系中香港丧失相对独立性和特性，继而对“一国两制”中的“两制”，或“港人自治”是否真正贯彻有所怀疑。

> “中国在某种程度上将香港同化了，就是真的是说收复香港这样咯，就是会是，是啊，就是说‘一国两制’，但是其实就是都看得出不是的这样东西……是啦，就是变成中国一个城市咯，而不是行政特区咯。……可能经济上面你刚才讲到‘自由行’可能会是帮助香港很多，因为始终中国是一个很大的市场啦，但是可能对于其他方面来讲那就反而是可能没有帮到。”（HFA20140301）
>
> “……虽然我未必会真的走上街去示威，但是有些政策我都偏向是反对的，因为就是觉得好像是为中国（内地）那边想而不是为香港的市民想呢。”（HFB20140302）

对于理想中的香港与内地关系，全部受访者都认为割裂两地关系是不可取的，两地关系应该是互惠的。当然如果它影响到香港人生活，例如供给短缺、空间拥挤等，就不太好了。在政治关系上，几乎所有受访香港青年都认同香港是中国的一个地方。有关“港独”的言论，他们认为十分愚蠢：

> “首先我想讲如果香港要独立系好戆居（很愚蠢）嘅，佢要独立，如果哩个地方要独立嘅话，因为我刚才讲，内地对于佢来讲系提供咗好多好多甘样嘅资金注入，好多各方面嘅，无论话系上市公司啊，定系……吸引到外面嘅嗰啲会议，令到佢嘅国际地位会提高咗好多知名度，我觉得嗰啲都系中国内地嘅政府带来俾香港嘅嘢咯。”（HFE20140408）

他们希望香港与内地互相尊重，和平相处。互相尊重是指，香港要尊重内地发展和国家利益，内地也要理解香港本身具有的相对独立和自由的特色。双方都需要一个协商的过程。

> “互相尊重的关系而不是，我觉得，是咯，应该是这样咯。因为我觉得香港不可以，怎样讲好呢，就是香港是一个很独立的城市，它，如果它不维持它的独立性它就失去了它所有的特色了，就是所有它基本的特色——自由、独立咯，我觉得自由，这个我觉得都应该是挺 common 大家会想到的。我觉得香港要 respect 内地的发展和利益之余，内地都要理解香港本身有的特色去怎样去做咯，那种互相尊重，是啊，是啊。”（HFL20140208）
>
> “我觉得香港人要更加多地意识到，内地政府对香港带来的 benefit（利益），而不是只是一个 negative image（负面印象）。从这个方面，只有我们了解了好和不好的时候，才可能去商量一个，真的促进到香港发展的……我希望系一个 negotiation（协商）的方式，讲出一个最利于香港去发展的方案。”（HFE20140408）

他们希望内地与香港建立平等的合作关系，互惠互利，互相帮忙，这些合作则以经济合作为主。对于不利于香港利益的行为或姿态，他们是明显反感的。

> “我觉得是一个对等的合作关系，而不是说香港 under 内地咯，即系我觉得如果系有啲嘢利益系一致嘅时候甘就合作咯，利益唔一致嘅时候就唔好扮 friend 啊或者隔硬（强力）要

牺牲香港人的利益来迁就它。”（HMS20140408）

“我觉得应该系有一个平等的关系咯，大家唔好干涉大家的自由，而大家亦都可以，大家合作去进步，即系大家应该是平等的关系咯。唔好话一个高一点，一个低一点。我觉得依家香港好似低一点。”（HFC20140408）

“我觉得是要互惠互利咯，就是大家都有好处的。是啦……”（HFA20140312）

带着浓厚的“存在性焦虑”，多数香港青年在回答“理想中的香港与内地关系”时，已自然而然地将此问题转化为在国家崛起——“中心”强势的背景下，作为“边缘”的香港如何维系其相对独立性和特性的策略问题。一方面他们承认香港将会逐渐为内地所同化的现实，另一方面则担心、焦虑，强烈地希望为香港保有更多的空间。包括：①减慢被同化的速度，期待保持原有的生活方式；②强调内地应尊重香港的相对独立性；③将香港纳入内地新制度试验的体系，让香港的独立和自由在内地的政治框架下可以持续存在和发展。

多数受访者同意和承认香港逐渐为内地所影响的事实，但不十分接受，颇有焦虑的情绪。他们希望“一国两制”“五十年不变”确实能得到贯彻，允许香港保持其原有的生活方式和特性。

“因为现在，现在世界慢慢发展了，现在这个关系嘛，就慢慢地香港你可以发现，觉得它现在慢慢地变成一个内地一个省，就中国化已经，中国化是形容不到，但感觉香港的特色慢慢地真的在消失，而且香港内部的矛盾，香港以前不可以说没有矛盾，而是说现在发生那些矛盾的那种特点就真的跟好像在内地的某一些东西很像，就好像，就好像有意识地让那些东西发生，然后间接地去改变香港。有什么关系的话还是我刚才觉得那样就，不是我刚才觉得吧，因为应该现在是大部分人，香港人那样觉得吧，就好像以前那样或者是说刚回归那样，那一条五十年不变的信息那样，香港保持着香港特有的那个特点，然后内地继续以内地特有的特点去发展。但这并不是说香港不用中国化，而是说不用太急，而且也不用那个，对，不要太急。”（GMI20140309）

“那其实我觉得，《基本法》里面有一条，我觉得讲得挺好，我其实挺支持就是五十年不变咯，因为其实香港发展得那么好其实除了它依靠内地之外，其实和它本身是一个中西文化交融的地方是很有直接关系的，那如果中国要强行改变这样东西的话，那我觉得其实就只会令香港失去它的特点。”（GMD20140304）

“前提其实应该是香港人在没回归之前的时候的那个生活应该是要 keep 住。现在是在，尽量大家双方，就是损害或者利益上没那么大伤害的时候，大家做到一个互惠互利的角色。我觉得就是你说放宽自由行这样东西不是不好，就是都挺好的，帮了香港，但是就是有时候就不要影响香港人的生活咯。”（HFD20140315）

香港青年非常强调内地需要尊重香港的相对独立和自由，认为这个是香港的重要特点。若香港被同化成为其他普通省份，对香港发展将十分不利。在这个问题上，香港青年站在“一国两制”的立场下，十分强调香港作为特别行政区的自治权利。

“我觉得，如果中央政府对香港哩个地方，想变成好似中国内地其他地方甘样去管理嘅话，亦都系唔利于香港哩个地方嘅发展嘅咯，因为，香港嘅自由度，对于好多……各行各业嘅人来讲，都系非常之重要嘅，如果你产生一个甘大嘅政治因素喺里面嘅话可能会令好多人都会考虑到哩个因素而转移去其他地方投资。唔……我觉得要商量一样嘢。”（HFE20140408）

“应该是怎么样啊，我觉得如果真的可以贯彻执行到一国两制同埋高度自治咧，我觉得是理想的。就是现在新近讲的那些港独思想，甘我觉得就，即系我自己系未去到那个程度。暂时我还是觉得，可以坚守到一国两制的政治。”（HMS20140408）

“虽然我这样讲可能会不知天高地厚，但我觉得因为始终香港它能叫做‘特区’自治，自治，算是自治的，但是，那它始终太小，也都是中国的一部分，那所以，所以其实它又要听命于中央，那所以我觉得平等又不太可能但就是至少可以处理自己的一些事情咯。”（HFB20140315）

对于香港的相对独立和自由如何维持，部分受访者认为，可以将香港纳入内地新制度试验的体系，让香港的独立和自由在内地的政治框架下可以持续存在和发展。

“从正面的方向来讲呢，我觉得内地应该，应该视香港为一个试验，一个社会改革的试验场地咯，就不应该在短时间内就将香港那个自由空间缩窄。我都知道内地它幅员那么广阔，然后又很多少数民族啦，那内地那个情况是和香港不同的，那它有很多政治考虑，但是我觉得你可以暂时慢慢地借鉴香港的那些经验来推动自己那个发展，那而不是将香港一贯自由的空间视为那些比较多诉求啊，或者一些意见人士啊，将香港视为一个会令国家发生动乱的地方咯。”（GMK20140311）

“政治方面呢，我觉得香港嘅特色就系，为中国去试行一些新的政治或者社会制度的，作为一个可能是样板的，就是如果香港都做不到，那么内地会不会不可以考虑这个方向呢？”（HMS20140408）

总体而言，香港青年认为香港是中国的一个地方，尽管与内地有很多的不同，但依然希望与内地保持良好和密切的关系。良好而密切的关系需建立在相互尊重的基础上，建立在内地尊重香港原有生活方式，尊重香港在“一国两制”下的自治权力的基础上。

（五）集体记忆：国家情感联系尚弱

香港青年关于内地的集体记忆，差异颇大。最初的记忆多来自父母的叙述。但是父母的描述较少。若有，也多倾向于负面，与“饥荒”、“穷”、“文化素质低”、“黑暗”及“治安不好”等联系在一起。这些描述也影响了受访者自己对内地的印象，他们时常用“山寨”“乱”“无礼貌”等笼统但价值判断性很强的用语来形容，和香港部分媒体的常用语几乎一模一样。

但在内地升学或频繁到访内地的受访者，对内地的评价则相对正面。他们承认，多次来内地及与内地人接触后，他们对内地的印象有所变化。内地并不像他们在香港时想象中的那样，或如香港舆论及市民描述中的那么差，或者那么危险。他们一致认为，内地是一个地方辽阔，差异非常大，相当复杂的地方，部分内地地区发展得比香港更好。

“内地系一个，我感觉就系，某啲城市就会好发达啦，某啲地方会好贫穷啦，即系贫富悬殊啦。然后唔系就像睇下哩个朋友想体验啲乜嘢咯。即系我觉得两极嘅都睇到。”（HMS20140408）

“我会话，内地并唔喺我地想象中。好多香港人一听到话大陆，甘样好差。其实完全唔喺𡃉（完全不是啰），我地见到差嘅人，素质差嘅人，只喺占佐某一部分，但系其实，我觉得内地喺一个比较，好多方面比较悬殊嘅地方。有D人可以好好，有D人可以好差。有D人好有钱，有D人好穷。我觉得大陆喺一个好有趣嘅地方，因为乜嘢人都有，唔同文化都有。所以，额，一般香港人只见到差嘅一面，我觉得唔喺𡃉。”（GMW20140315）

“就是以前一个比较负面的印象，现在慢慢到近年比较正面。好一点点，是，比较好点……内地是一个比较复杂的地方，怎样复杂呢，一个我觉得人的素质很不平均，因为做官可以，就是都会有些，就是贪污都很严重，人的想法很，可能因为某一些地区是本身是农民，农村地区啊，他们的思想未必（能）够成，未必是一种比较，怎样讲好呢，批判一点，就是他们会担心他，就是他有一种很古代的那种你要三餐温饱他就会想其他东西，就是他会，他会寻求些高层次，你现在温，现在你穷到温饱都不够的时候他还想什么，就是随便，只求有饭吃。就是还是一个很 primary 的一个需求。是啊是啊，我觉得是 primary 的需求，很多都是，我觉得，只有我，我觉得只有是直辖市或者大城市这些比较政府会看重的地方才会有它的本身文化上的进步。这样，所以很复杂。以及太大了这个地方。”（HFL20140208）

他们来内地之前会担心或介意“危险”、“限制”与“不文明”之处，在内地生活时间长后，他们的观念有所转变，“没有那么凶险”，“其实不是真的会管得很严”，“文明哩样嘢系慢慢去累积慢慢去教育咯，唔系一步就登天”，他们增加了对内地的了解，并且慢慢地对内地产生一种友好和认同的感觉。

“我觉得，我觉得其实哩一度，系来到哩度先觉得，啯啲学生啦，大家都好好，而且好聪明好勤力啦……同埋我觉得内地啲人都几热情啦。”（GMY20140315）

“我觉得就是中国始终都是算是自己的家那样，那回来了，就是虽然可能文化上很大差别，就是文化上我刚刚来时真的很大很大差别。可能生活习惯不同，价值观不同，那都有很多矛盾。但是，就是始终中国人都是会讲道理的，就是如果你是有相应的礼貌或者和他讲道理都 OK 的。那还有内地与香港的矛盾不是真的那么解决不到咯。”（GFC20140303）

“内地有很多地方发展得比香港还要好很多，就例如少部分的商业区啦我觉得……那个地方还漂亮过或者豪华过香港咯，而且我觉得，其实回来读书之后我觉得其实内地没想象中那么危险咯。”（GMH20140308）

“其实内地并没有，没有他们想象得那么的凶险，没有想象那么荒芜，那其实它跟香港也差不多。”（GFF20140306）

但是仍需指出的是，虽然几乎全部受访者都有过访问内地的经验，但他们关于内地的知识却极少。除了在内地升学及少部分频繁到访内地的香港青年，多数受访者对内地的认知仅限于亲友所住的社区，大部分受访者能够讲出的内地城市名称和民间节日不超过5 个。

一方面，内地在香港青年中的印象差异颇大；另一方面，回归及之后的集体记忆，较少在香港青年心目中留下印象。较少青年提及香港的旗帜、区徽等比较有政治象征意义的事物，提及时通常与大型的庆典（如 1997 年回归交接仪式）联系在一起。也有受访者提及有殖民地象征意义的事物，如“龙狮旗”、“英女王像”以及“红色邮筒”等。有殖民地象征意义的事物，除了与香港回归交接仪式联系在一起外，也会与香港近年进行的游行示威联系在一起。

文化依恋（Cultural Attachment）与功能依恋（Instrumental Attachment）是反映人们对国家的知觉的两种基本形态。其中，文化依恋是指对国旗、货币等国家符号、文化符号和历史符号的自豪。香港青年对维港夜景、郊外离岛、中西交会的语言、建筑等文化符号依恋性较强，而对香港特区政府的区旗、区徽的依恋则颇为薄弱。维港夜景象征的是香港繁华的都市文化，郊外离岛象征的是对乡土的眷恋，中西交会的语言及建筑体现的是香港的特色，俗语称“半唐番”。而都市繁华、乡土依恋与“半唐番”（中西交杂、非中非西、亦中亦西），已成为香港青年普遍认可的本土文化元素。对特区政府的标志“紫荆花”，受访者提及较少。由此可见，回归后的文化符号在香港发挥吸引力仍尚待时日。在对内地的集体记忆差异颇大、关于回归的集体记忆也较为薄弱的情况下，香港青年对内地或对国家的情感联系比较弱，更多的是对香港的地方情感。

三　结论与讨论：理性的多数与偏激的极端？

基于上述分析，我们可以看到，香港青年关于香港社会存在的想象，具有如下特征。

（1）地方情怀和文化依恋浓厚，国家情感联系尚弱

香港青年钟情于香港中西混合、新旧交错的风土人情，认同共同的港式生活方式，对中西元素交融、多元共存的本地文化感到自豪，有浓厚的“我爱我家”情怀。香港青年对维港夜景、郊外离岛、“半唐番”等符号有很强的文化依恋，有浓厚的地方情怀。但与香港特区政府的区旗、区徽的链接少，对于内地印象分歧较大、认识很少，与国家的情感联系相当薄弱。但是，在多数香港青年的社会想象中，香港不见得是与内地或中国相对而立的存在，反而有着千丝万缕的联系。他们都认同中国是一个主权国家，香港只是中国的一个地方。他们强调香港的地方特色，也表达了强烈的地方情感，但这样的情感与其他地方的人们对家乡的归属感并无明显差异。

（2）“狮子山精神”、“中环价值”以及自由法治价值观共存

现实香港的多种文化及价值观的共融，不同价值观人群之间的相互尊重和包容可以说是边界地区文化叠加的体现。关于香港人对不同文化的开放、包容、尊重的态度，香港青年感到十分自豪。香港青年认为，相互尊重是香港人的基本态度，是不同文化和价值观的人在香港和平相处、多元文化在此地交融共存的原因。因此，华人的传统价值观“狮子山精神”，发达商业社会的“中环价值”以及西方自由法治精神，在香港社会并行不悖。与多元价值观相悖的言论或行为，更容易引起香港青年的反感。

（3）温和保守的政治取向与“存在性”焦虑

香港青年关于“公民责任”、“政党”及“游行示威”、“特首与选举”的看法或理解，所表现出的，是一种温和、清醒，偏向于保守的、比较现实的政治取向。他们认为勇于表达自己不同的意见既是作为香港市民的权利，也是重要的公民责任。但对政党或个体的偏激行为，他们持明确的反对态度。

香港青年清晰地认识到，香港在主权上属于中国，表示没有想象也不期望香港会脱离国家。对香港与国家的关系，多数受访者认为香港在主权上从属于国家，但是香港的政治权力却不一定需要受制于国家或者由国家来赋予，他们认为这就是“一国两制、高度自治”的含义。他们也强烈感受到来自国家的强大的同化力量，形成“存在性焦虑”：一方面承认中国对香港的主权，承认香港发展中内地提供的资源不可缺少；另一方面又担心被内地同化成为一个普通的省份，失去其特性和相对独立性。他们希望，内地尊重香港原有生活方式，尊重香港在“一国两制”下的自治权力。在此基础上，保持与内地良好和密切的关系。

将上述香港青年社会想象的三个特征，与经常出现于香港舆论的“本土意识”相对比，可以看到两者存在巨大的差异。在香港大众媒体中“本土意识”有三种倾向，这三种倾向可以称为经济本土主义、政治本土主义和发展民粹主义。三种意识倾向是社会意识极端化的表达，例如，浓郁的地方情怀和薄弱的国家情感联系，可能极端发展为“发展的民粹主义”；对自由法治的强调，或是“存在性焦虑”走到一个极端，可能就是“政治本土主义”和“经济本土主义”。然而，从本研究取得的访谈资料来看，多数香港青年的观念意识和大众媒体当中存在的三种“本土意识”存有很大差异，几无共同之处。与香港大众媒体所展现的不同，对于大多数香港青年而言，远未走到极端的地步。多数香港青年热爱香港家园，政治观念上温和、理性甚至保守，崇尚相互尊重和包容的处事态度。可以说，香港大众媒体热议的“本土意识”并不见得是香港人普遍持有的观念意识，港人共有的只是保护自己地方利益的意识。社会中的个体也有能力在主观上重新定义背景或者是通过行动协商出一种为所有人可见的新背景，“本土意识”一定程度上是相关利益群体将香港与内地关系政治化所建构的产物。抽离了这种政治成分，香港的地方意识和世界各地、中国各地社群的地方意识并无太多本质的不同。

参考文献

[1] 本尼迪克特·安德森：《想象的共同体：民族主义的起源与散步》，吴叡人译，世纪出版集团/上海人民出版社，2011。

[2] 王明珂：《华夏边缘：历史记忆与族群认同》，浙江人民出版社，2013。

[3] 王明珂：《华夏边缘：历史记忆与族群认同》，台北允晨文化实业股份有限公司，1997。

[4] 查尔斯·泰勒：《自我的根源：现代认同的形成》，韩震等译，凤凰出版传媒集团/译林出版社，2012。

[5] 查尔斯·泰勒：《现代社会想象》，林曼红译，凤凰出版传媒集团/译林出版社，2014。

[6] 安东尼·吉登斯：《现代性的后果》，田禾译，凤凰出版传媒集团/译林出版社，2011。

[7] 温迪·J. 达比：《风景与认同：英国民族与阶级地理》，张箭飞、赵红英译，凤凰出版传媒集团/译林出版社，2011。

[8] 曼纽尔·卡斯特：《认同的力量》，夏铸九、黄丽玲等译，社会科学文献出版社，2003。

[9] 迈克尔·A. 豪格、多米尼克·阿布拉姆斯：《社会认同过程》，高明华译，中

国人民大学出版社，2011。
[10] 吕大乐：《四代香港人》，香港进一步多媒体有限公司，2007。
[11] 何佩群、俞沂暄：《国际关系与认同政治》，时事出版社，2006。
[12] 金太军：《国家认同——全球化视野下的结构性分析》，《中国社会科学》，2014 年第 6 期。
[13] 黎熙元：《“全球性、民族性与本土性——香港学术界的后殖民批判与香港文化认同的再建构》，《社会学研究》2005 年第 4 期。
[14] 肖滨：《两种公民身份与国家认同的双元结构》，《武汉大学学报》2012 年 1 月。
[15] 谷淑美：《文化、身份与政治》，谢均才编《我们的地方、我们的时间》，香港牛津大学出版社，2002。
[16] 李小良：《揉性的身份认同》，载潘毅、余丽文编《书写城市——香港的身份与文化》，香港牛津大学出版社，2003。
[17] 刘兆佳：《“香港人”或“中国人”：香港华人的身份认同 1985 ~ 1995》，载刘青峰、关小春编《转化中的香港：身分与秩序的再寻求》，香港中文大学出版社，1998。
[18] 吕大乐：《香港故事不易讲 P 非历史的殖民地成功故事》，载吕大乐《唔该，埋单！——一个社会学家的香港笔记》，香港闲人行书局，1997。
[19] 马杰伟：《电视文化的历史分析》，马杰伟《电视与文化认同》，香港突破出版社，1996。
[20] 王赓武：《结论篇：香港现代社会》，载王赓武主编《香港史新编》（下），香港三联书店，1997。
[21] 王宏志：《历史的沉重——从香港看中国大陆的香港史论述》，香港牛津大学出版社，2000。
[22] 王岳川：《后现代后殖民主义在中国》，首都师范大学出版社，2002。
[23] 郑宏泰、黄绍伦：《香港身份证透视》，香港三联书店有限公司，2004。
[24] 习之：《香港人：迷失的中国公民》，《信报财经新闻》2012 年 8 月 20 日第 A17 版。
[25] 戴耀廷：《香港人的多元身份认同》，《信报财经新闻》2012 年 1 月 19 日第 A13 版。
[26] 张炳良：《一代人，一代事——“天”、“皇”事件反思》，《信报财经新闻》2007 年 8 月 2 日。
[27] 林行止：《本土意识一刀两刃》，《信报财经新闻》2013 年 7 月 3 日第 A20 版。
[28] 刘兆佳：《无须夸大本土意识的影响》，《信报财经新闻》2013 年 5 月 30 日第 A11 版。
[29] 冯应谦、陈智杰、马杰伟：《“80 后”的文化认同有何变数?》，《明报》

2010 年 12 月 29 日第 A24 版。
[30] 黎熙元：《香港本土意识、主流观念与国家认同的差异分析》，中国统一战线理论研究基地“港澳与海外统战理论研究”年度会议论文，2014。
[31] 郑婉卿、周倚琪：《“香港社会特征与本土意识”研讨会综述》，《当代港澳研究》2014 年第 4 辑。
[32] 李须、陈红等：《社区感：概念、意义、理论与新热点》，《心理科学进展》2015 年第 7 期。
[33] 金太军、姚虎：《国家认同：全球化视野下的结构分析》，《中国社会科学》2014 年第 6 期。
[34] Turner, Matthew 1995，“60sP90s：Dissolving the People”, in Matthew Turner &Irene Ngan (eds.), *Hong Kong Sixties: Designing Identity*, Hong Kong: Hong Kong Arts Centre.
[35] Siu, Helen F. 1999，“Hong Kong：Culture Kaleidoscope on a World Landscape,” in Wang Gungwu &Wong Siu2lun (eds.), *Towards a New Millennium: Building on Hong Kong's Strengths*, Hong Kong: Center of Asian Studies, University of Hong Kong.

The Youth's Social Imaginaries and Local Consciousness in Hong Kong

Zheng Wanqing

Abstract: This paper analysis the youth's social imaginaries of Hong Kong through six aspects: Life - style, local culture, values, the expectation to politics, the sense of boundary and the sharing memories with people in mainland. The research result shows that the youth in Hong Kong has deep attachment to the local culture and life - style. They share multiple valueand with conservative political orientation. They also feel existential angst. Although they knows that Hong Kong belongs to PRC China on the sovereign and never expert to leave the country, they still feel anxiety about the strong assimilation power from mainland. They're afraid to be a usual province in PRC China, lose its specialty and independence. Through this research, we found that the native consciousness is not but the local consciousness is common in the Hong Kong youth. "native consciousness" may be output in interest groups' power struggle. If there's no power struggle, it'll besimilar to local consciousness in other places.

Keywords: The Youth in Hongkong; Native Consciousness; Social Imagenaries; Local Consciousness

优秀硕士论文

“当前一国两制与基本法实施中的问题与前瞻”学术研讨会综述

徐　英*

2016年6月7日，中山大学港澳与内地合作发展协同创新中心的一国两制重大理论创新平台与基本法理论与实践发展创新平台联合举办了“当前一国两制与基本法实施中的问题与前瞻”学术研讨会，全国范围内相关领域的专家学者齐聚一堂，针对“一国两制”与基本法实施中的具体问题进行不同主题的演讲与讨论，并为未来香港发展、基本法实施以及“一国两制”基本国策与时俱进的发展，提供了建设性、前瞻性的意见及充满信心的展望。

一　对香港青年问题的特殊性与青年政治的思考

回归至今，香港一路走过来，从“非典”、无证儿童到七一政改、“占中”游行，从一个经济城市慢慢变成政治城市，变化巨大，但近期香港的本土主义泛滥与分立主义危机牵动着所有人的

* 徐英，中山大学法学院2015级法理学硕士研究生。

心。中山大学法学院郭天武教授做简洁的开场发言后，广东省社会主义学院教授冯颖红从香港青年统战角度对香港青年这一特殊群体进行介绍与问题分析。冯教授指出，近年来“一国两制”与基本法实施中发生了很多不能预测的问题，而其中冲击法律底线的正是青年群体，在一系列社会问题中，青年成为主要势力，并一度成为多次社会运动倡导者，香港青年问题不可避免且不能回避。接着冯教授介绍了香港青年特殊性所表现出来的两个方面：第一，与其父辈相比，香港青年政治参与愿望强烈，特别是青年学生的参政愿望突然涌现，在立法会候选人选举中青年选民的人数与比例都有增加；第二，其理念与手段相当激进，明知违法也会使用，如“占中”、反“水客”和旺角事件。而以上特殊性的形成原因是香港青年身份认同出现危机与迷茫，内因是香港青年对内地缺乏了解且没有感情，同时内地大发展导致其产生恐惧感；外因为环境影响，香港的教育与媒体对青年有很多负面影响，加之香港对青年工作的不重视，缺乏前瞻性研究，导致问题出现且日益恶化。

最后冯教授对此提出针对性的解决之道，首先要保持耐性，防止以政绩思维、急功近利的心态对待香港青年问题；其次应当将着力点放在年轻一代身上，并采取青年们易接受且能理解的语言，并指出《“一国两制”在港实践》白皮书的语言表达对于香港青年而言过于生硬不易接受，在以后的工作中应当特别注意这一点。

点评环节中，中山大学法学院副教授丁艳雅表示青年对于地方与国家发展而言都非常重要，并针对香港青年的工作状态与思想变化以及对内地的看法与反应咨询冯颖红教授，冯教授做出回应：在对香港青年到内地创业就业的意愿调查中发现香港青年存在不是很愿意的心理。

对于何文提出的香港青年选民数量增加的疑问，冯教授指出老年选民比例达20%以上，绝对值高于青年选民，但18~30岁的青年选民比例有7.8个百分点的上升幅度。

二 如何理解香港《基本法》中的“五十年不变”

香港《基本法》第五条规定：“香港特别行政区不实行社会主义制度和政策，保持原有的资本主义制度与生活方式，五十年不变。”这条规定通俗来说就是我们常说的“一国两制”五十年不变。针对如何理解“五十年不变”，重庆大学人文高等研究院副教授田雷做出主题发言。田雷副教授首先指出时间性对于宪法规范的重要意义，《基本法》作为宪法性文件也应当被带回到时间性的维度内加以分析，其规定的“五十年不变”是理解“一国两制”的国家学说与基本法规范的关键，然而由于以下原因“五十年不变”条款并未引起研究者的关注：第一，此条款未被香港法院司法化，也未接受人大释法；第二，五十年不变条款属于《基本法》特有，没有其他宪法性文件与之公有，不像诸如言论自由那样的条款可以通过借鉴外来成果来进行研究。

田副教授接着指出“五十年不变”条款其实极具研究价值。从其解释出发有以下重要命题与思路需要进一步进行研究：第一，“五十年不变”实质是为了根本的“变”保驾护航，这个根本的“变”，即香港在1997年7月1日这个“宪法时刻”回归祖国，中国恢复对香港行使主权。第二，在宪法解释方面需要研究如何解释“五十年”，如何确定五十年是概数还是确数。第三，“不变”不是指完全不变，《基本法》第159条规定的《基本法》修改程序表明存在依法修改《基本法》的可能性与操作轨道，但需要明确第159条的修改程序是否适用于《基本法》全部条款，是不是有永久都不得修改的条款。田雷副教授特别指出，“五十年不变”条款更像是宪法承诺而非宪法规范，宪法承诺与宪法规范的区别在于宪法规范是在时间维度内生成的先定承诺，宪法是对先定承诺的书写，是对香港高度自治的限定，“五十年不变”既不是完全不变，也不是绝对不变。当初邓小平说提出“五十年不变”，香港人之所以相信，是因为这个说法的权威来源就是《基本法》本身的属性与性质。解释先定承诺，最主要也是第一位的方法就是探寻主权者原意，对《基本法》的原意解释是正当的。以上对“五十年不变”的解释的对象是作为宪法承诺的规范，但是背后还有一个根本的政治问题即“五十年不变”何以可能。

主评论人丁艳雅副教授点评时肯定了从辩证的角度与思路出发研究“五十年不变”框架里的具体内容，并向田雷副教授请教美国在宪法承诺与宪法规范问题方面的应对之道对于解决香港问题而言有无借鉴意义，对此田副教授指出美国的宪法实践建立在内战史无前例的流血牺牲上，对于香港问题的解决并无启发意义。暨南大学公共管理学院教授李招忠针对“五十年不变”条款引用了邓小平关于中国普选问题的看法，由于教育水平较低当时不能实施普选，但将来条件会发生变化，由此，五十年之后在两地很多地方趋同及多方面融合的情况下，变与不变会根据具体环境做出决定。

中国人民大学博士叶一舟在讨论时指出，宪法时刻不仅是宪法制度建成的时刻，也是一个身份建成的时候，在香港问题中涉及香港居民身份建成，并对具体操作与制度构建提出疑问；叶博士提出宪法诺言是主权者自我立法，对于主权者自我立法的效力从霍布斯到现在都无定论，因此在“五十年不变”的问题上如何定夺存疑。田雷副教授回应：宪法时刻是指一种历史性时刻，更多是一种修辞手法；“五十年不变”的宪法承诺与高度自治二者的关系仍是很大的问题，需要根据事态与实际情况的变化做出相适应的调整与修改。深圳大学港澳基本法研究中心讲师黎沛文提问：在我国语境下应当怎样发掘出立法原意解释；对于《基本法》第159条，《基本法》的修改是否与“一国两制”的基本政策相违背？田雷副教授的回应是，按照立法原意解释的内涵，要解释《基本法》，需要在《基本法》之前的政策与实践中寻找答案；对于《基本法》的修改，逻辑上只要根据第159条的修改程序与《立法法》便可以修改任何一条文本。

三 回顾张德江视察香港时提出的“三心”及其相关思考

香港中联办研究部副部长郭正林结合张德江视察香港时提出的“初心”、“耐心”及“信心”做出主题发言。首先应当不忘初心，即“一国两制”的方针不会改变，应当长期坚持基本国策，但在保持宗旨不变的前提下落实“一国两制”的具体政策是会变的。所谓的本土只是极端激进势力的环境，与自联会不同，这些极端激进势力的目的是分立，然而这必将是一条死路。在“一国两制”与《基本法》实施中基本方向不会有变化，对于《基本法》具体条文与问题需要进一步完善与改进，是因为确实存在很多不合理、不符合现实情况的条文，而完善方式则需思考。其次是要有耐心。香港目前面临很多困难，主观方面是香港政治上的反对派的反共与颠覆社会主义制度的企图阻碍香港前进与发展；客观上是香港与内地的关系变化，开放大格局中香港的地位是不变的，国外对我国的投资与我国对外的投资大大增加，并且我国对外投资已经大大超过国外对我国的投资，这种变化形成一种逆转：客观上要求港澳台与内地企业有一定关系，因而需要获得中央政府的基本信任，而现实中很多企业通过香港“走出去”后，发现并不能通过香港获得帮助。郭正林副部长表示，中央对香港表示耐心的同时也给香港选择的机会，但香港必须为自己选择的后果负责。最后是信心。郭正林提出五个足以影响香港稳定与发展的关键性问题。第一，香港自身竞争力下滑；第二，香港行政主导地位未落实；第三，香港的国家认同存在危机；第四，分立主义抬头，并直接导致第五个问题，即两地民众互相不信任。并强调香港居民一定要有两地居民和睦相处的意识，否则内地居民特别是网民与游客的态度将直接影响香港从内地的获利情况。

李招忠教授针对两地“仇恨”问题指出，对于港独言论与势力的出现，中央拥有法理基础动用强硬方法加以应对。上海国际问题研究院港澳台研究所研究员张建讨论时提出特区政府主导不力与行政主导强度下滑的现象，从内地发展的经验来看，社会主义发展初级阶段需要强硬的行政主导，但对于香港而言强化政府权力的可行性是否与内地相同则存在疑问。郭正林副部长回应指出，强政府与弱政府的衡量标准在于政府对社会财富的支配能力，特区政府想要作为，但客观上成效很低，比如现在仍尚未建立完善的居民退休养老制度。香港目前很多制度都是在空转，落实到普罗大众身上的福利相当少，未来香港必须建立起养老保险法等福利制度，加强对居民福利、基本权利的保障。

四　网络媒体与香港——内地关系的形塑

香港居民与内地居民的关系问题在目前香港问题中也占据很大比重，是分析与解决香港问题不可回避的一个问题。广州中华文化学院刘强从两地居民的情感角度出发，对两地居民关系问题进行了主题发言。刘强结合麦理浩在香港任职期间设立廉政公署、解决贫困居民住房问题以及普及义务教育等措施，强调港英政府对香港居民的情感统战与文化统战，相比较而言，中央对于香港侧重于经济统战，因而在香港人的身份认同方面，似乎港英政府时期特别是麦理浩当政的 20 世纪 80 年代所实施的措施成效更明显。刘强将香港居民与内地居民的情感变化路径分为三个阶段，第一阶段是1949～2003 年的两地交往情感疏离阶段；第二阶段是 2003 年至今的冲突阶段；第三阶段是今后的情感冲突缓和直至融合阶段。第一阶段情感疏离但不排斥的原因是经济上内地落后于香港，香港人由此把握了两地经济合作的主动权而产生的优越感，加之情感体验与现实证实之后产生的愉悦感，形成情感约束造成情感的疏离。第二阶段的冲突原因在于实施自由行之后两地交往面扩大，交往接触中暴露的差异随之增多，同时香港居民因内地经济崛起与被超越而产生的失望与妒忌转化为羞耻感之后，为了外化并正当化，对内地居民强化负面情感，以内地不正当发展方式为借口使情绪转化为愤怒，在网络媒体影响之下放大所谓的正义感与愤怒，从而加深了两地居民的情感冲突与隔阂。

刘强指出，进入危机阶段也是转机出现的契机，从情感社会学角度看，当香港居民在与内地居民不可避免的接触中了解到内地发展已定形且他们的臆想不可能实现之后，会说服自己从而改写行动脚本使自己获得愉悦感。广东财经大学法学院教授朱孔武对刘强上述发言中涉及的民意调查的样本分析表示困惑，结合其自身对台湾民众的了解，朱孔武教授认为仅以高登社区为样本的调查有问题；另外在理论层面上，朱教授认为应当对人的心理采取深层次的洞察，所谓民意如流水，应当如履薄冰、小心翼翼叶一舟博士对这种主观因素影响很大的情感分析对于国家发展的意义存疑，并表示若刘强上述论述成立，则情感分析方法同样适用于内地居民而导致结果完全相同的情感变化。刘强在回应中表示，人类心理受潜意识等不可量化的因素影响且相当复杂，但采取合理的细化主体的研究方式所得出的结果是可靠的。

五　内地与香港机关在彼此法域的法律责任

清华大学法学院副教授屠凯针对内地与香港在彼此法域的法律责任问题做了主题发言。屠凯副教授指出，在一地两检实施、港珠澳大桥通车、《国家安全法》制定并颁布的新形势下，内地与香港的公权力机关在法律责任划分与承担上将对应产生以下三个方面的问题：公务人员在香港造成损害应当如何承担责任；跨境的事业单位在香港法中没有定位，因而大桥通车后事业单位造成的第三人侵权如何承担法律责任；香港特区需要对国家安全履行什么义务。屠凯副教授分析了国际法、英国法规定的解决方式，但在中国法律规定中，仍有很多理论上的不足，我国的国家人格理论比较混乱，对于从事公务的机构难以确定是否具有公权力人格，如中央编制部门、事业单位、一部分私法上的主体以及全民所有制工业企业法创造的企业等，其法律地位在法理上难以明确，内地的公法人理论急需更新与发展。

朱孔武教授、张建研究员、郭正林副部长在讨论环节表示对内地与香港的法律责任划分与承担的思考对于两地关系的缓和、香港问题的解决而言均为具有实践意义。

六 “一国两制”实践中存在的问题与几点思考

上海国际问题研究院港澳台研究所研究员张建做了以“一国两制”实践中的问题为主题的发言，他指出面对新形势、新问题，需要对中央对港政策制定执行过程中的问题进行总结以便更好地服务于中央治港大局。具体问题有中央设计政策框架的取向重静态性、轻动态性；探究政治经济局势的因由往往重客观性、轻主观性；应对事态措施方面重防御性、轻主动性；解决综合问题的效果方面重临时性、轻发展性。

针对以上问题张建提出以下几点思考与建议：制定涉港政策应加强中央政府与香港社会的互动；政策落实过程中应注意消除香港社会对中央治港政策的疑虑；执行治港政策既要维护中央权威也要符合香港实际。

七 从条约必须信守原则析《中英联合声明》的履行

近年来香港政改问题成为“一国两制”实践中的重大问题，

个别国家以各种方式介入香港政改，如英国和美国。英国和美国还要求中国遵守《中英联合声明》；在香港内部有少数人声称《中英联合声明》是《基本法》的依据，甚至要求英国、美国监督中国遵守《中英联合声明》。针对以上问题，中山大学粤港澳珠江三角洲研究中心博士后伍俐斌从条约必须信守原则分析了《中英联合声明》的履行问题。伍俐斌首先解释了条约必须信守原则的内涵，不仅包含条约得到履行，还必须是善意履行，即诚实、正直地履行，而对于履行条约的具体方式没有特别限制，国际法允许各国采取最适合本国国情的方式履行条约，一般有纳入与转化两种具体形式。我国履行《中英联合声明》采用的是转化的方式，即通过制定香港《基本法》履行声明。但这不表示《基本法》的效力与立法依据来自《中英联合声明》，它的效力只能是来自《宪法》。

伍俐斌通过《基本法》与《中英联合声明》的条文对照以及考察有关各方的评价，得出中国通过制定《基本法》充分履行了《中英联合声明》的义务。在条约履行的监督方面，假定中英两国对于《中英联合声明》有不同理解，应当通过恰当方式由两国协商妥善解决。至于美国方面，由于《中英联合声明》是中英双方的条约，根据“条约对第三方既无损也无益”原则，美国作为《中英联合声明》的非缔约国无权援引声明，更无权作为声明的监督者，所以美国行为是对中国内政的侵犯。

八　后政改时期香港极端化政治的发展及其应对

深圳大学港澳基本法研究中心讲师黎沛文博士对后政改时期香

港的政治环境与问题进行讲解并给出相应的应对之道。黎沛文老师指出，第一，在香港复杂的政治环境下，行政长官的权威性问题是首要解决的问题，行政长官如何取得其权威来源的合法性是一个亟待解决的问题。第二，以本土主义外衣包裹的暴力化社运，在意识上冲击了香港社会的理性与法治，对社会安定法治秩序的破坏影响极为严重，加上香港执法者对暴力化社运的处罚力度不足，导致其具有很强的示范作用。第三，反建制的政党组织出现，其政治诉求不再是一种主流，不认同繁荣政治主张，需要相关的出口与媒介表达该群体的诉求，同时应当注意的是什么导致其强烈不满。第四，本土主义的出现，本土主义本身是不是伪命题仍需予以关注，香港的本土主义行动上带有分立倾向与民粹主义性质，不同于美国的nativism。第五，对于香港原则性的反对需要中央采取具体对策认真对待。黎沛文强调对话本身是一种态度的体现，应当发挥对话对于情感与诉求的宣泄和表达的作用。

在自由讨论中，郭正林提出目前《基本法》实施中存在三大问题，即《基本法》的地位、《基本法》的教育及《基本法》的实效，需要在今后实施中加以关注与妥善解决。中山大学法学院副教授刘诚针对张建的发言提出其观点。第一，中央层面处理香港事务的机构总体局面是碎片化的权力体系，除了全国人大基本法委员会能够动用实际权力，其他机构均为实际动员到位。实践中应当注重法外制度与法内制度的区分与结合使用，需要国内理论界对中国共产党的领导做出理论层面的贡献以使其产生政治效果。第二，依靠谁来治港的问题。一直以来的统战路线，没有群众路线，而群众路线是要有组织的，但重新建立组织不符合香港现在高度行政化的治理思路。如果考虑福利社会制度的发展，如英国通过《济贫法》，形成非政治化的以资本和福利权换取的稳定的制度，劳动者经济上的权利得到保障，但实际上劳动者需要政治上的权利，站在国家主义立场相应的考虑是政绩，与社会主义左翼诉求有矛盾，因而香港需要使去政治化的思路与传统的社会主义左翼诉求达到平衡，不只是香港，内地本质上也有这种政治需求。

叶一舟提出关于特首的身份与法律地位的论述尚存在混淆之处，按照传统政治理论，主权者、执政者、行政者需要分别由不同主体担任，就我国内地的政制而言好像没必要，但香港不同，《基本法》的配置中行政主导强调的是这一点，但实际资源配置上不允许，一有作为就违反三权分立的原则。北京大学法学院博士姚琪对“香港居民”与“香港人民”的概念提出疑惑。黎沛文回应人民是一个理智的概念，是作为复数出现的，公法上的人、卢梭的人、西耶斯的人、美国宪法上的人、中国宪法上的人等在各自语境下有其特定含义。冯颖红教授指出《宪法》中用“人民”，《基本法》中用“居民”，地方立法也不用“人民”，所以能看出差别，香港只是个特别行政区，无法使用“香港人民”。

郭天武教授在评论中指出，在《基本法》实施十几年的过程中，对其实施的实际情况与实施后果应当加以审慎考量，并区分条文中的必要部分与实践中的不必要部分，对其地位与性质仍需保持高度关注。在本土主义方面，法学、政治学使用这一术语的时候需要谨慎。香港本土主义实质是什么以及所谓的本土是真的本土还是虚假的本土、是固有的还是来源于授权等，以上问题都需要加以重视。

陈丽君教授再次陈述了当前香港问题较为集中的状况，并提出本土主义源于两地民间冲突，当对于香港居民而言裨益减少且局限增加时，所谓的功利主义与爱国思想会产生一定的冲突，更重要的是一国与两制之间的冲突，归根结底解决之道在于内地通过增强软实力形成对香港居民的感召力。

图书在版编目(CIP)数据

当代港澳研究.2016年.第2辑/陈广汉，黎熙元主编.--北京：社会科学文献出版社，2019.12
ISBN 978-7-5201-3876-5

Ⅰ.①当… Ⅱ.①陈… ②黎… Ⅲ.①香港-研究 ②澳门-研究 Ⅳ.①D676.58 ②D676.59

中国版本图书馆CIP数据核字（2018）第299246号

当代港澳研究（2016年第2辑）

主　　编／陈广汉　黎熙元

出 版 人／谢寿光
组稿编辑／任文武　张丽丽
责任编辑／张丽丽

出　　版／社会科学文献出版社·城市和绿色发展分社（010）59367143
地址：北京市北三环中路甲29号院华龙大厦　邮编：100029
网址：www.ssap.com.cn
发　　行／市场营销中心（010）59367081　59367083
印　　装／三河市东方印刷有限公司

规　　格／开　本：787mm×1092mm　1/16
印　张：9.5　字　数：109千字
版　　次／2019年12月第1版　2019年12月第1次印刷
书　　号／ISBN 978-7-5201-3876-5
定　　价／88.00元